DIDÁTICA

Jaime Cordeiro

DIDÁTICA

CONTEXTO • EDUCAÇÃO

Copyright© 2007 Jaime Cordeiro
Todos os direitos desta edição reservados à
Editora Contexto (Editora Pinsky Ltda.)

Capa e diagramação
Antonio Kehl

Revisão
Daniela Marini Iwamoto
Ruth M. Kluska

Dados Internacionais de Catalogação na Publicação (CIP)
(Câmara Brasileira do Livro, SP, Brasil)

Cordeiro, Jaime
  Didática / Jaime Cordeiro. – 2. ed., 5ª reimpressão. –
São Paulo : Contexto, 2025.

  ISBN 978-85-7244-340-1

  1. Avaliação educacional 2. Educação – Finalidades e objetivos
3. Pedagogia 4. Prática de ensino 5. Professores – Formação
profissional I. Título.

06-6452   CDD-371.3

Índices para catálogo sistemático:
1. Didática : Educação 371.3
2. Ensino : Planejamento de instrução 371.3
3. Metodologia de ensino 371.3

2025

Editora Contexto
Diretor editorial: *Jaime Pinsky*

Rua Dr. José Elias, 520 – Alto da Lapa
05083-030 – São Paulo – SP
PABX: (11) 3832 5838
contato@editoracontexto.com.br
www.editoracontexto.com.br

Proibida a reprodução total ou parcial.
Os infratores serão processados na forma da lei.

Aos leitores deste livro,
professores em exercício ou em formação.

Sumário

Aos professores e futuros professores 9

A escola e o ensino: o núcleo da Didática 13
    A organização da sala de aula: a gramática escolar 13
    A Didática e os sentidos de ensinar 18
        Ensino e concepções de mente 26
            As crianças aprendem por imitação 27
            As crianças aprendem pela absorção de ideias 28
            As crianças são seres pensantes 28
            As crianças são detentoras de conhecimento 28
    Os significados do currículo escolar 30
    A aula como objeto da Didática 33
    Atividades propostas 37

Os professores: identidade e formação profissional 41
    A identidade dos professores: constituição, mudança e crise 49
    Mudanças e permanências na natureza da profissão 54
    O que sabem os professores 60
    O profissional docente 63
    Atividades propostas 66

Os alunos: agentes ou pacientes? 71
    A escola modifica a infância 71
    Escola e mídia 77
    A criança na pedagogia 80

Escola e socialização: a produção da criança e do aluno 82
Entre o indivíduo e o grupo: para quem se ensina? 85
Classificação dos alunos e fracasso escolar 89
Atividades propostas 95

A RELAÇÃO PEDAGÓGICA: A DIDÁTICA EM AÇÃO 97
A dimensão linguística: o diálogo na sala de aula 98
A dimensão pessoal: os vínculos entre professor e alunos 102
A dimensão cognitiva: relações com o saber 109
Atividades propostas 114

A DISCIPLINA: MITOS E CONFLITOS 117
Entre a repressão e o autogoverno 117
A gestão da disciplina 131
A disciplina e o objeto do conhecimento 135
O que fazer com a disciplina? 137
Atividades propostas 140

A AVALIAÇÃO: RESULTADOS E ORIENTAÇÕES DO ENSINO E DA APRENDIZAGEM ... 143
As representações da avaliação 145
Avaliar para selecionar ou avaliar para ensinar e aprender? ... 148
Diferentes pontos de vista 154
Os instrumentos de avaliação 158
Atividades propostas 163

O PENSAMENTO DIDÁTICO: ALGUNS AUTORES E SUAS IDEIAS 165
Comenius 165
Herbart 167
Alain 168
Dewey 172
Montessori 175
Decroly 176
Lourenço Filho 178
Freinet 179
Neill 181
Paulo Freire 182
Snyders 184

BIBLIOGRAFIA 187

O AUTOR 191

Aos professores e futuros professores

Este livro tem por objetivo organizar e apresentar alguns temas e problemas de um ponto de vista particular que é o da Didática e do ensino. Em vez de me limitar a indicar os caminhos a seguir, prefiro desenhar uma espécie de *mapa* das questões aí envolvidas. Meu trabalho, aqui, será mais parecido com aquele que realiza o *cartógrafo*: observar e entender a paisagem, perceber as variações do terreno e, aos poucos, ir elaborando, juntamente com os leitores, uma representação gráfica que permita orientar aqueles que voltarão a passar pelos mesmos lugares no futuro. Estes poderão, tendo posse do mapa, escolher as rotas e os caminhos que preferirem seguir e, ao mesmo tempo, registrar novas alterações e refazer o próprio mapa, que será sempre provisório.

Assumir o ponto de vista particular da Didática e do ensino não significa dizer que serão ignoradas as muitas contribuições dos diversos campos do conhecimento que se ocupam de discutir a educação. A Psicologia, a Filosofia, a Sociologia, a Biologia, a Antropologia, as ciências cognitivas e as neurociências, por exemplo, oferecem a nós, cada uma a seu modo, diferentes cartografias do mesmo terreno.

Uso esses diversos mapas para construir o nosso. Assim como, ao folhear um bom Atlas, nos encantamos com as diversas possibilidades de mapas temáticos (político, demográfico, econômico, climático, da vegetação etc.), procuro, com o auxílio de outros mapas já desenhados, elaborar uma carta que ajude a encontrar orientação em meio às *questões do ensino.*

* * *

Nós, professores, nunca estamos completamente satisfeitos com os resultados do nosso trabalho. E nem podemos estar, na medida em que exercemos uma atividade cujos efeitos não temos condições de conhecer inteiramente.

Alguns podem pensar e dizer que o trabalho do professor se expressa numa aula, ou mesmo num conjunto de aulas, ao longo de um ano letivo. Assim, a efetivação desse trabalho se completaria na aula e com a aula. No entanto, sabemos, pela nossa experiência como alunos e também pela nossa prática como professores, que a aula representa uma parte muito pequena desse tipo particular de trabalho que é exercida pelos professores. Talvez ela seja apenas o aspecto mais visível deste livro.

Em alguns momentos bastante felizes da profissão, conseguimos sair de uma aula com uma espécie particular de satisfação, com a sensação de "dever cumprido". Naquele dia, parece que tudo deu certo:

– Conseguimos explicar tão bem aquela ideia! Os alunos se interessaram e participaram ativamente dos 50 minutos de atividade. Parece que conseguimos resolver todas as dúvidas. A luz da compreensão parecia iluminar todos os rostos quando deixamos a classe.

Nesse momento, dizemos: *"nosso trabalho se realizou completamente".* E, então, pensamos: *"conseguimos cumprir nossos objetivos".*

Mas imediatamente percebemos: nosso trabalho não está terminado. Há ainda a próxima aula, e todas as outras aulas do ano. E há os outros anos, sobre os quais não podemos ter certeza de reencontrar aqueles mesmos alunos, para acompanhar seus avanços e orientar sua busca de novas soluções para os novos problemas que surgirão.

Além disso, nós sabemos como foi difícil chegar àquela *"aula (quase) perfeita".* O quanto tivemos de investir de nós mesmos, das nossas capacidades, do nosso trabalho e conhecimento, do nosso empenho para preparar aquele momento que é apenas um detalhe de um quadro muito maior.

Somos nós, os professores, então, uns eternos insatisfeitos? Sim e não, seria a única resposta possível.

Não, porque entendemos mais ou menos claramente que o nosso trabalho isolado, do ponto de vista de cada um dos nossos alunos, só poderá ser percebido como uma pequena parte de um processo de formação muito mais amplo e permanente.

Mas, por outro lado, sim: estamos sempre insatisfeitos, justamente porque exercemos uma profissão cuja *natureza é aberta*. Isso quer dizer que, diferentemente de outras profissões, nós nunca podemos ter certeza sobre vários aspectos do nosso trabalho. Por exemplo:

- Quando ele termina ou quando ele se completa? Isto é, como podemos ter certeza sobre os resultados do que fazemos para cada um dos alunos?

- O que realmente faz parte do trabalho do professor? Sabemos que ele não se esgota no cumprimento da tarefa de transmissão de um certo conhecimento aos alunos – alguns chegam até a dizer que esse nem é de fato o nosso papel. Tanto nós mesmos quanto os próprios alunos, seus pais e toda a sociedade, damos ao magistério um conjunto de funções e atribuições muito maior. E se reconhecemos que cabe a nós e à escola como um todo a *responsabilidade de ensinar*, não conseguimos delimitar muito bem o que seja isso. *Ensino* é um termo muito impreciso, que não se conseguiu até hoje definir de maneira exaustiva.

Assim, acabamos por atribuir ao ensino e, portanto, ao professor, um conjunto muito grande de tarefas, das quais nós, professores, não abrimos mão: *ensinar* os conteúdos, mas também *cuidar* dos alunos, num sentido muito amplo. Trata-se de fornecer a eles as possibilidades de uma *formação* a mais completa possível, o que reúne dimensões cognitivas, morais, éticas, políticas etc.

Devido a essa *natureza aberta* do ensino e do magistério, os professores apresentam-se à sociedade como profissionais permanentemente sujeitos à avaliação. Já se tornou lugar-comum atribuir à educação e aos professores a origem ou a falta de solução de diversos problemas sociais, como a violência, o consumo de drogas, a apatia política, a falta de sentimento de cidadania ou patriotismo, entre outros. Com base nessa mesma lógica, o ensino e a educação costumam ser vistos como uma espécie de "tábua de salvação" ou de solução mágica para esses e muitos outros problemas.

A ESCOLA E O ENSINO: O NÚCLEO DA DIDÁTICA

A ORGANIZAÇÃO DA SALA DE AULA: A GRAMÁTICA ESCOLAR

Se algum estudante do século XVIII ou XIX pudesse ser transportado numa viagem pelo tempo até os dias de hoje e, por acaso, caísse numa sala de aula, ele se encontraria no que lhe pareceria um ambiente familiar. Alguns detalhes poderiam parecer diferentes, mas muito seria reconhecido: uma sala retangular com cadeiras e mesas, um quadro-negro à frente, um adulto controlando ou supervisionando as atividades, várias crianças ou jovens, todos mais ou menos da mesma idade, cumprindo algumas tarefas, instrumentos e suportes para receber a escrita (antes, giz e pequenas lousas de ardósia e o grande quadro-negro; mais recentemente, lápis, canetas, cadernos e folhas de papel), livros e, eventualmente, outros instrumentos que poderiam ser percebidos com alguma facilidade como sendo escolares – mapas, quadros, ilustrações etc.

Da mesma forma, se algum de nós pudesse viajar para o passado, poderia reconhecer como sala de aula ou escola qualquer ambiente similar a esse. No entanto, se esse viajante recuasse muito mais no tempo, pelo menos mais de quinhentos anos, não seria mais tão simples assim. Não que naqueles tempos não houvesse educação, mas certamente ela se dava de maneira bastante diversa, sem envolver necessariamente aquilo que nós chamamos hoje de ensino, aprendizagem, sala de aula, escola e, mesmo, professor e aluno.

Como já mostraram os historiadores da infância e da educação,[1] a escola, tal como a conhecemos hoje, começou a ser criada, na Europa Ocidental, entre os séculos xv e xvii. Nessa época, a infância passou a ser entendida como uma era particular e específica da vida do ser humano, distinta da idade adulta.

Assim, algumas pessoas começaram a pensar que seria melhor que as crianças vivessem separadas, resguardadas, protegidas dos problemas, dos perigos e das tentações trazidas pelos adultos. Para uma parte das elites e das classes médias, a maneira encontrada para proteger as suas crianças foi mandá-las para a escola, uma instituição própria, criada para melhor prepará-las para a vida futura. Ali, elas poderiam não só receber ensinamentos morais e aprender as virtudes cristãs mas também se apropriar de diversos outros tipos de conhecimento que poderiam ser úteis futuramente.

Nesses últimos quinhentos anos, portanto, a escola que hoje conhecemos foi sendo estruturada aos poucos. Primeiro, para um pequeno grupo, uma elite. Depois, desde a metade do século xix, ela começou a se abrir para quase todas as pessoas, por meio de um processo pelo qual os diversos governos passaram a organizar sistemas nacionais de ensino. O ritmo de expansão e consolidação dessa *escola de massas* foi muito variável de país para país, mas os processos e os resultados acabaram sendo muito parecidos.

A escola de massas

O processo de expansão e consolidação dos diversos sistemas nacionais de ensino ao longo de todo o mundo recebeu o nome de escolarização de massas. Um grupo de estudiosos da Universidade de Stanford, nos Estados Unidos, mostrou que os diversos processos nacionais de escolarização apresentam muito mais características comuns do que diferenças. Iniciada em alguns países da Europa Ocidental e da América do Norte por volta de 1850, a escolarização de massas conseguiu se estender a praticamente todos os lugares do planeta, configurando sistemas escolares com características muito semelhantes, como as seguintes:

- Ensino primário de 4 anos, que depois se torna um ensino fundamental de cerca de 8 ou 9 anos.
- Escolaridade obrigatória entre os 6 ou 7 anos até os 14 anos de idade – hoje se estendendo um pouco mais.

- Seriação anual e, mais recentemente, ciclos de aprendizagem.
- Professores generalistas nas séries iniciais e especialistas nas séries finais.
- Classes mais ou menos homogêneas, agrupadas preferencialmente de acordo com a idade dos alunos.
- Currículos padronizados, organizados principalmente por disciplinas.
- Controle estatal das escolas ou pelo menos da emissão dos certificados e diplomas.
- Instituição de mecanismos de controle, avaliação e seleção do material didático.
- Orientação curricular predominantemente nacional.
- Mecanismos legais de acesso e de exercício da profissão docente.

Esse processo seguiu ritmos bastante diferentes nos diversos países. No Brasil, por exemplo, só muito recentemente foram atingidos níveis de alfabetização e de acesso à escola próximos da totalidade da população em idade escolar. Na Europa Ocidental, isso já acontecia, mesmo nos países mais pobres, há mais de 50 anos. Na Coreia do Sul, esses índices foram atingidos há quase 30 anos, como resultado de grandes investimentos em educação.

Hoje, o que chamamos de escola ou sistema escolar é algo muito semelhante no mundo todo. Pensando num dos termos da moda, poderíamos dizer que a escola de massas é uma das primeiras instituições verdadeiramente *globais* do mundo moderno. Algumas semelhanças já foram apontadas anteriormente, como a forma da sala de aula, a presença de um professor e vários alunos, o agrupamento por idade e por grau de conhecimento. Mas outros aspectos da escola também revelam essa dimensão globalizante: o ensino graduado ou seriação das classes (anuais ou em ciclos); os programas e currículos aprovados oficialmente, traduzidos depois em manuais escolares; os ciclos curtos de avaliação, para verificar os conhecimentos e reforçar a homogeneidade; a busca dos melhores métodos de ensino, de modo a aumentar a sua eficiência; as formas de controle da disciplina; a rígida distribuição dos horários escolares, em que até a duração de uma aula e a constituição da grade de horários são mais ou menos iguais em todo o mundo.

Alguns autores dão o nome de *gramática escolar* a essa profunda semelhança no funcionamento do ensino e da escola no mundo de hoje. É como se houvesse um determinado arranjo obrigatório, como acontece numa frase sintaticamente bem estruturada, com sujeito, verbo e predicado. A ideia desses autores é que, embora haja algumas variações superficiais, a sintaxe da escola, essa gramática, por assim dizer, é praticamente invariável, tanto no tempo quanto no espaço. Talvez se pudesse afirmar, então, que a escola moderna é uma instituição que se comporta como aquilo que o historiador francês Fernand Braudel chamou de *estrutura de longa duração*.

Embora se possa pensar a escola nesse contexto de longa duração, que abrange os últimos quinhentos anos, as características mais explícitas dessa gramática escolar, que constituem a forma mais acabada dos modos de ensino e dos sistemas escolares hoje existentes, acabaram se definindo com mais clareza a partir da metade do século xix.

Historicamente, esse período corresponde à afirmação plena dos Estados nacionais, na Europa, na América e, depois, no restante do mundo. Como parte importante desse processo de centralização política e de constituição dos aparelhos estatais modernos, é preciso assinalar a constituição dos sistemas nacionais de ensino. Os estudos dos historiadores que examinaram comparativamente esses sistemas puderam mostrar como eles acabaram se tornando muito semelhantes em todo o mundo. Para esses pesquisadores, a razão dessas semelhanças não se explica por um processo de simples imposição do modelo escolar dominante pelos países mais poderosos sobre os países menos independentes econômica e politicamente. Na verdade, desde o século xix constituíram-se mecanismos de *difusão* desse modelo com base em associações de especialistas em educação, organizações internacionais preocupadas com a promoção do desenvolvimento, instituições dedicadas ao financiamento de políticas públicas de educação etc.

Esse conjunto de mecanismos, que passava (e ainda passa) pela publicação de livros e revistas, organização de conferências e encontros internacionais de educadores e administradores públicos, intercâmbio de especialistas por todo o mundo, acabou constituindo a imagem do que deveria ser pensado como os melhores meios de se estender a escolarização para o maior número de pessoas em todos os países. Desse modo é que se podem entender as profundas semelhanças entre os sistemas de ensino, independentemente da melhor ou pior posição econômica ou política do país considerado. Por exemplo, em todos os lugares acaba se consolidando uma escola primária de quatro anos e depois um ensino fundamental que abrange oito ou nove anos de escolaridade, destinados a crianças entre 6 e 14 anos de idade. O conjunto de disciplinas ou áreas de estudo que compõe o currículo dessa escola é também bastante semelhante. A duração das aulas é também similar, embora a jornada escolar diária ou semanal tenha alguma variação considerável, tendo se consolidado, nos países ditos mais desenvolvidos, uma jornada entre seis e oito horas diárias de estudo. Também há similaridade dos métodos de ensino, dos materiais didáticos e das propostas pedagógicas mais prestigiadas em cada momento, entre outros aspectos que podem ser considerados.

Ao mesmo tempo em que se consolidava um modelo dominante de escolarização, certos países e certas propostas pedagógicas eram escolhidas, por parte dos especialistas envolvidos nos mecanismos de difusão desse modelo, como sociedades de referência. Assim, as experiências pedagógicas da Inglaterra, da França, dos Estados Unidos, da Suíça, da Bélgica ou da Alemanha iriam funcionar como situações exemplares a serem imitadas ou mesmo copiadas por todos os outros países.

É claro, no entanto, que os processos de *recepção* desse modelo não são completamente idênticos em todos os lugares, de modo que se pode constatar algum grau de diferença e de especificidade em cada caso particular. Como também demonstram os estudiosos que se ocupam da comparação entre os diversos sistemas de ensino, acontece que a importação dos modelos pedagógicos se faz de acordo com as particularidades de cada situação, de cada país. Isso depende das circunstâncias políticas locais, do maior ou menor peso na comunidade científica e política dos especialistas em educação, das pressões da população por mais oportunidades de acesso ao ensino etc.

Assim, pode-se afirmar que há uma lógica de globalização dos modelos pedagógicos e dos sistemas escolares que caminha no sentido de constituição de sistemas de ensino nacionais bastante parecidos. No entanto, essa lógica se combina com uma outra, que se liga às diversas situações locais de cada país, de cada região e de cada circunstância histórica específica, o que contribui para estabelecer as diferenças que também podem ser observadas.

Esses mecanismos de globalização e localização levam à identificação de semelhanças e diferenças nas condições de trabalho, de vida e de formação e na própria identidade dos professores em todo o mundo. De um lado, ser professor é necessariamente parecido por todo lado, na medida em que os diversos sistemas escolares são também parecidos. No entanto, há também diferenças sensíveis, já que as diversas situações locais têm suas peculiaridades, que contribuem para dar os contornos específicos de cada caso.

A Didática e os sentidos de ensinar

A palavra *didática* tem sua origem no verbo grego *didasko*, que significava ensinar ou instruir. Como nome de uma disciplina autônoma ou como parte de uma disciplina mais ampla (a Pedagogia), *didática*, desde Comenius, significa o tratamento dos "preceitos científicos que orientam a atividade educativa de modo a torná-la eficiente". De maneira mais abreviada, "arte de transmitir conhecimentos; técnica de ensinar".[2]

Já *pedagogia* também tem origem no grego antigo, e significava, literalmente, "direção ou educação de crianças". O curioso é que a palavra *agogé* no grego indicava a "ação de transportar, transporte, ação de conduzir, direção". Assim, tanto *didática* quanto *pedagogia*, consideradas no seu significado central, trazem o sentido de transmissão, orientação, condução, guia, direção, transporte. E esse conjunto de significados parece ser inseparável da própria ideia de ensinar e de ensino, por mais que isso tenha sido criticado, desde finais do século XIX, por diversas correntes pedagógicas consideradas mais modernas ou avançadas.

Tradicionalmente, costuma-se dizer que a Didática foi fundada por um educador da Europa central, chamado Comenius.[3] No século XVII, ele publicou uma obra chamada *Didática Magna: tratado da arte universal de ensinar tudo a todos.* Esse livro pode ser considerado o marco de fundação da disciplina, tanto pelo seu pioneirismo quanto pela sua influência na época e mesmo muito tempo depois.

Até hoje ainda se encontram alguns ecos, se não das propostas pedagógicas de Comenius, pelo menos da sua pretensão: ele achava que era possível criar um *método universal*, invariável, capaz de orientar o professor no seu trabalho. Na apresentação do livro, comentava os objetivos da sua proposta:

> A proa e a popa da nossa *Didática* será investigar e descobrir o método segundo o qual os professores ensinem menos e os estudantes aprendam mais; nas escolas, haja menos barulho, menos enfado, menos trabalho inútil, e, ao contrário, haja mais recolhimento, mais atrativo e mais sólido progresso; na Cristandade, haja menos trevas, menos confusão, menos dissídios, e mais luz, mais ordem, mais paz e mais tranquilidade.[4]

Nesse momento, já se pode perceber a associação entre a Didática e a busca da eficiência do ensino ("menos trabalho inútil"), mediante o esforço de uma racionalização dos meios de ensinar. Ao mesmo tempo, na própria fundação da disciplina já se estabelece como critério da eficiência do ensino a perspectiva do aprendiz: o objetivo central posto por Comenius é de que "os professores ensinem menos e os estudantes aprendam mais".

Se desde o fundador da disciplina, no século XVII, associamos a Didática (e o ensino) a uma *arte*, é preciso entender que essa noção costumava ser usada no sentido derivado da ideia também grega de *techné*, que para nós viria a se associar mais à noção de "técnica" do que à de "arte". O sentido de arte, nesse contexto, pode ser mais bem entendido como uma técnica, como um modo específico e especializado de realizar uma tarefa ou ofício, isto é, como o *saber técnico* do artesão, do operário, do trabalhador.

Quando Comenius fala da arte de ensinar, parece estar definindo o lugar próprio do professor como um profissional especializado que, por meio do seu longo aprendizado e da sua experiência, seria capaz de dominar seu ofício e de realizá-lo com competência. Assim, *o professor é visto como alguém que conhece e domina uma profissão.* Desde o começo da Didática, portanto, o ensino é pensado como uma *profissão*. Essa profissão, no entanto, acabaria sendo definida como se tivesse uma natureza muito diferente das demais, já que envolveria um conjunto de objetivos da tarefa e de atributos dos seus praticantes que a levariam a se aproximar da ideia de *missão*. Parte dessa confusão ou mistura de significados parece derivar das origens da escola no mundo ocidental, ligadas aos estabelecimentos religiosos – o templo, o mosteiro, o convento –, o que acabou deixando a marca permanente de associação entre o magistério e o sacerdócio, que tem sido discutida e, em alguma medida, amenizada, no processo de constituição da profissão docente.

Por enquanto, vamos tentar entender qual é o campo de atuação da Didática e o que torna a sua abordagem da educação relevante e diferente das abordagens de outras disciplinas, como a Filosofia, a Sociologia, a História e a Psicologia.

Embora a Didática não possa perder de vista as importantes contribuições das outras áreas do conhecimento, ela tem um objeto próprio, dentro do âmbito mais amplo da educação. Esse objeto é o *ensino*, que define seu lugar e marca sua especificidade. Assim, o nosso primeiro passo é tentar esclarecer os sentidos em que podemos compreender a ideia de ensinar.

Para Paul Hirst, "sem um conceito claro do que é ensinar, é impossível encontrar critérios de comportamento apropriados para compreender o que acontece numa sala de aula". O mesmo autor nos lembra que "o modo como os professores entendem o que é ensinar afeta grandemente o que efetivamente fazem na sala de aula".[5]

Uma primeira tentativa de entender o que é ensinar poderia partir de um exercício relativamente simples. Cada um de nós pode observar uma aula, ou mesmo procurar se lembrar, o mais detalhadamente possível, de uma aula qualquer e tentar descrever o que acontece ali: "Que atividades são realizadas? O que acontece durante aqueles 40 ou 50 minutos?".

A produção de uma lista exaustiva dessas atividades pode começar a nos dar uma ideia do que se faz quando se ensina, mas ela não é capaz de dar conta de caracterizar completamente o ensino, por duas razões pelo menos:

- Várias atividades desenvolvidas numa aula – como abrir a janela, apontar o lápis, apagar a lousa etc. – não estão diretamente relacionadas com a tarefa de ensinar;
- Outras atividades mais propriamente didáticas, como descrever, expor uma ideia, demonstrar, comparar etc., não são

exclusivas do ensino, pois também fazem parte de outras situações vividas em outros contextos de comunicação entre as pessoas.

De fato, as atividades de ensino só podem ser caracterizadas por seu *objetivo* ou *propósito*. Quando narramos um acontecimento numa roda de amigos ou quando a mãe relata aos filhos o seu dia de trabalho na hora do jantar, não há a intenção do falante de *produzir uma aprendizagem* nos seus ouvintes. Já no ensino, todas as atividades são concebidas e planejadas em função desse objetivo. Portanto, a compreensão do *conceito de ensino* só pode ser feita em referência ao *conceito de aprendizagem*.

É importante assinalar que o processo de ensino não é uma simples variante ou modalidade dos processos mais gerais de comunicação e informação, pois no ensino as informações são organizadas e sistematizadas com a intenção de se produzir aprendizagem. Apesar desse caráter de intencionalidade do ensino, é possível perceber que nem sempre o ato de ensinar se concretiza numa aprendizagem. Ao mesmo tempo, todos nós sabemos ou percebemos que os estudantes aprendem diversas coisas que não estavam planejadas inicialmente.

No entanto, o interesse da escola, como instituição ensinante, e o interesse dos professores, como profissionais do ensino, tem de se dirigir prioritariamente para o ensino intencional. Para tanto, é preciso não perder de vista os resultados finais que se pretende obter, isto é, a aprendizagem do aluno. Como assinala Amélia de Castro, "o ideal de toda Didática sempre foi que o ensino produzisse uma transformação no aprendiz, que este, graças ao aprendido, se tornasse diferente, melhor, mais capaz, mais sábio".[6]

De acordo com José Mário Pires Azanha, a definição da Didática não é um consenso entre os estudiosos, sendo que muitos deles a imaginam como simples variedade do saber psicológico, sociológico ou político. Para esse autor, a Didática, desde a sua origem, esteve orientada pelo propósito de tornar eficiente o ensino em termos de aprendizagem.[7]

A Didática parte, desse modo, da pressuposição de que é possível escolher, entre diferentes maneiras de ensinar, aquela ou aquelas que podem resultar na aprendizagem com maior sucesso.

22   DIDÁTICA

E que, portanto, como queriam os pensadores do século XVII, os quais começavam a criar a ciência moderna, isso poderia ser obtido mediante a aplicação estrita do melhor *método*, o que implicaria o estabelecimento com precisão das regras desse método.

Acontece que ensinar é um tipo de atividade que não se resolve mediante o simples conhecimento das regras, mas implica, além disso, que haja o êxito, o sucesso, ou seja, que ocorra a aprendizagem. Atividades desse tipo acarretam a aplicação de regras não exaustivas, isto é, não há nesse caso um conjunto de regras que, se forem bem aplicadas, garantam necessariamente o sucesso. De um lado, isso nos leva a admitir que a pretensão inicial da Didática é ilusória. Mas, por outro lado, isso pode ser uma vantagem, pois quando os professores chegam a admitir tal fato acabam percebendo que não adianta confiar definitivamente em nenhum modelo ou método de ensino.

Perder essa ilusão é importante para os professores entenderem que terão de se guiar em alguma medida sozinhos. Não que não possam buscar orientações em diversas teorias e modalidades de saber, mas eles precisarão admitir que em nenhum desses lugares será possível encontrar respostas prontas para os problemas e para as dificuldades da tarefa de ensinar com sucesso.

Outra noção importante sobre o ensino é que ele só se realiza como *ensino de* alguma coisa, de algum *conteúdo*. É preciso reafirmar essa ideia tão simples, mas que está um pouco desprestigiada nos dias de hoje, em que parece não existir consenso a respeito dos objetivos da escola e do ensino. Afirmar a relevância do conteúdo no ensino não implica assumir a ideia de que o que importa são apenas os conteúdos acadêmicos, formalizados nos manuais escolares. Trata-se de não perder de vista o que deveria ser óbvio. Paul Hirst, de novo, explica bem esse ponto:

> É tão logicamente absurdo dizer "ele [o professor] ensina crianças e não conteúdos" como dizer "ele ensina conteúdos e não crianças". Essas afirmações podem ser usadas como *slogans*, mas uma discussão séria acerca do ensinar deverá seguramente rejeitar tais *slogans* em nome da simples verdade lógica segundo a qual *ensinar é necessariamente ensinar algo a alguém*. Não por certo no sentido em que se ensina necessariamente um

"conteúdo" tradicional, mas no sentido em que, para a pessoa que aprende, tem que haver sempre uma aquisição final.[8]

Dizer que o professor ensina algo que os alunos devem aprender – e que muitas vezes, de fato, aprendem – não implica assumir que ensinar seja igual apenas a *transmitir* um conhecimento, este pensado como um *conjunto de proposições* a respeito de determinado assunto, tema ou fato. Também não implica admitir que o professor só ensina os alunos a *fazer* alguma coisa, como se imagina em certas versões das pedagogias renovadoras. Ensinar é um termo de grande alcance, que pode recobrir diversos significados e produzir diferentes resultados naqueles que aprendem. Para o filósofo inglês John Passmore:

> Uma pessoa ensina quando transmite fatos, cultiva hábitos, treina habilidades, desenvolve capacidades, ensina alguém a nadar ou a apreciar música clássica, mostra como funciona um foguete lunar ou que, e por que, os planetas se movem em volta do Sol.[9]

Para esse mesmo autor, o ensino pode ser entendido como uma *relação triádica*, isto é, que envolve três vértices e que pode ser expressa numa afirmação do tipo: "*x* ensina *algo* a *alguém*" (o professor – o conteúdo do ensino – o aluno). No entanto, ao contrário do que acontece em outros tipos de relação, esse aspecto triádico pode ficar escondido no ensino, já que nem todos os elementos da relação precisam ser explicitados.

Por exemplo, na construção de uma frase com o verbo "dar", a ideia só terá sentido completo se aparecerem os três termos: "*alguém* dá *algo* a uma *outra pessoa*". Não acontece o mesmo, porém, com o verbo "ensinar". Nesse caso, é possível dizer:

– *Paulo* ensina. (Ao responder, por exemplo, à pergunta "O que Paulo faz?")

– *Maria* ensina *aritmética*.

– *Júlia* ensina (a) *crianças* com *dificuldades de aprendizagem*.

Por esse motivo, quando pretendemos descrever e entender o ensino, temos a tendência de ignorar o conteúdo ou o aluno e nos concentrar apenas no professor e nas atividades que ele realiza. Passmore insiste que "os meios que permitem saber se alguém é bom professor não consistem em verificar se escreve com clareza no quadro, se mantém a disciplina ou se sabe utilizar o mais recente apoio visual, mas se os alunos aprendem o que lhes tenta ensinar".[10] Portanto, desse ponto de vista, o único critério confiável da eficiência do ensino está em considerá-lo do *ponto de vista da aprendizagem*.

Há certamente maneiras diversas de ensinar, poderíamos dizer, mesmo, diferentes *estilos* de ensino. O sucesso deste ou daquele estilo depende, muitas vezes, não apenas do saber técnico e pedagógico acumulado pelo professor mas também de determinadas características de personalidade de cuja variedade resultam os diferentes tipos humanos. Percorrendo as obras da ficção literária ou os livros dos memorialistas, podemos encontrar em vários deles a descrição de diversos desses estilos, alguns lembrados com carinho e respeito, outros assinalados como profundamente negativos.

Quando se define a relação pedagógica como sendo necessariamente *triádica*, é preciso que não tomemos essa metáfora muito ao pé da letra. Na maioria das situações escolares, a verdadeira relação do ensino não se estabelece exatamente como uma relação interpessoal ou entre dois indivíduos apenas, o professor e o aluno, já que na maior parte do tempo o professor dirige-se ou à turma de alunos como um todo, ou a um membro dessa turma. Imaginar a relação pedagógica realizada apenas entre um professor, um aluno e um conteúdo é desprezar o fato de que, quando o professor se dirige a um aluno em particular, ele pode estar discutindo ou resolvendo questões que dizem respeito a todos ou quase todos os outros colegas.

Além disso, como diversos psicólogos que se dedicam a entender a educação têm mostrado, a relação com os outros é uma dimensão importante do processo de aprendizagem da criança, tanto com os pares (os colegas) quanto com os adultos (em geral, os professores).

Desse modo, a estrutura da turma de alunos, o tipo de pessoas que fazem parte dela e as maneiras como é selecionada ou organizada acabam influenciando o ensino e os seus resultados. Há muito tempo existem discussões entre os especialistas e também entre os professores e as equipes pedagógicas das escolas a respeito dos critérios de seleção e de composição das classes, homogêneas ou heterogêneas.

Não há uma resposta geral satisfatória para essa questão. Em certos casos, é possível obter bons resultados com turmas pequenas e bastante homogêneas. Em outros, quando se pode subdividir a turma maior em grupos menores, como nos trabalhos em equipe, por exemplo, a heterogeneidade pode ser mais proveitosa: ao juntar alunos com habilidades, interesses e graus de aproveitamento diferentes, muitas vezes se consegue uma dinâmica de colaboração entre os colegas que melhora a qualidade da aprendizagem de todos. Diversas condições ligadas ao contexto de cada escola e de cada classe, aos métodos empregados, à seleção e organização dos conteúdos ou às formas de avaliação utilizadas para verificar os resultados acabam influindo a favor da escolha desta ou daquela configuração das turmas de alunos.

Em relação a esse tema da organização e seleção das turmas, algumas posições tenderam a se radicalizar. Em certos momentos da história dos sistemas escolares, chegou-se a pensar que a homogeneidade de idade e nível de aproveitamento nos estudos fosse a melhor solução para aumentar a eficiência do ensino. Nas primeiras décadas do século XX, por exemplo, predominou a defesa das classes homogêneas. Em parte, isso tinha relação com os estudos da Psicologia da época, que insistiam na importância das etapas de desenvolvimento das capacidades cognitivas das crianças, o que implicava para a Pedagogia que se devessem agrupar os alunos de acordo com essa sequência de etapas. Para tanto, foram desenvolvidos inúmeros testes de aptidão ou de prontidão para a aprendizagem, que serviram para classificar as crianças e agrupá-las nas classes de ensino. O mais famoso desses testes foi criado pelos franceses Binet e Simon e se transformou, depois, no chamado Teste de QI, mas diversos outros foram desenvolvidos e aplicados, podendo-se mesmo chamar esse período de a "Era dos testes".

No entanto, jamais ficou suficientemente claro se esses critérios de homogeneização não implicavam sutis mecanismos de discriminação dos mais pobres ou dos menos privilegiados, que quase sempre tiveram mais dificuldade de acesso à cultura escrita antes da entrada na escola. Mais recentemente, num momento político em que predominam as propostas de aceitação das diferenças e de inclusão de todas as crianças nos mesmos procedimentos escolares, tem prevalecido o argumento contrário, como se a simples heterogeneidade pudesse levar necessariamente à convivência equilibrada dos diferentes no ambiente escolar.

Ainda hoje, esse tema da homogeneidade ou heterogeneidade dos alunos na seleção das classes polariza as opiniões dos professores nas escolas sempre que existe a oportunidade de discuti-lo. O que é preciso ter em mente é que da resposta dessa questão também não viria nenhuma solução mágica para os problemas do ensino e da aprendizagem.

Podem existir situações em que o trabalho com grupos mais homogêneos seja mais proveitoso para os alunos, como diversas experiências com o ensino de línguas estrangeiras tem revelado. No entanto, as vantagens sociais e psicológicas e mesmo cognitivas da convivência com as diferenças individuais também têm sido ressaltadas em diversos estudos e experiências ao longo de muitos anos.

Se as propostas iniciais dos criadores dos testes de inteligência e dos primeiros defensores das turmas homogêneas eram baseadas em nobres e dignas intenções, diversas formas perversas de discriminação e de exclusão de muitas crianças do processo de aprendizagem também surgiram como resultado. Assim como quase tudo que diz respeito ao ensino, as noções e teorias que podem nos orientar não são capazes de oferecer todas as respostas. Precisamos entender que esse tema só pode ser devidamente solucionado em cada situação particular mediante as ações de todos os envolvidos, professores, alunos, pais, dirigentes do ensino, especialistas etc.

ENSINO E CONCEPÇÕES DE MENTE

Pode-se afirmar com alguma certeza que ensinar é uma atividade (ou um conjunto de atividades) que se baseia em noções sobre a natureza e o funcionamento da mente humana. O professor, ao preparar ou ministrar uma aula, imagina: "Como posso chegar até as crianças?"; "Como posso me fazer entender?". O aluno, ao ouvir o professor ou ao tentar resolver o problema que lhe foi proposto, também questiona: "Onde esse professor está querendo chegar?" ou "O que ele quer que eu faça?".

Nos dois casos, professor e aluno estão, cada um, operando a partir de um conjunto de pressupostos sobre o funcionamento da mente do outro. Jerome Bruner, psicólogo norte-americano, mostra que diversas concepções populares da pedagogia se fundamentam em representações sobre as crianças: elas são teimosas e precisam ser corrigidas, ou são seres inocentes que precisam ser protegidos, ou só conseguem desenvolver habilidades por meio de exercícios práticos, ou são recipientes vazios a serem preenchidos, ou então são serezinhos egocêntricos que precisam ser corretamente socializados.[11]

Cada uma dessas representações a respeito das crianças acaba implicando a escolha de determinados modelos ou padrões didáticos. De acordo com Bruner:

> a tese que emerge é que as práticas educacionais nas salas de aula baseiam-se em um conjunto de crenças populares sobre as mentes dos alunos, sendo que algumas delas têm funcionado advertidamente a favor do bem-estar da crianças, e outras, inadvertidamente contra.[12]

Nesse sentido, nenhuma escolha de um método didático é tão inocente quanto parece à primeira vista. Para aqueles professores que querem de fato mudar as suas práticas pedagógicas de maneira a obter melhores resultados do ponto de vista da aprendizagem dos alunos, seria preciso tornar claras as representações que eles têm sobre as crianças, sobre essas concepções de mente que são assumidas quase inconscientemente e que acabam tendo grande influência na escolha das maneiras de ensinar. De acordo com Bruner, existem quatro modelos dominantes a respeito das mentes dos aprendizes e cada um deles conduz à escolha de diferentes objetivos educacionais:

AS CRIANÇAS APRENDEM POR IMITAÇÃO

Nesse modelo, admite-se que o mais relevante para se ensinar são as habilidades, as maneiras de fazer alguma coisa (em inglês, *know-how*), e que a única (ou melhor) maneira de aprender, nesse caso, é pela observação e repetição dos procedimentos demonstrados pelo adulto. Saber, nessa concepção, é *saber fazer*, o que depende de talentos, capacidades e habilidades, e não da aquisição de informações ou da compreensão.

As crianças aprendem pela absorção de ideias

É o modelo que ocupa a maior parte do tempo do ensino nas escolas até os dias de hoje. Nesse caso, supõe-se que faltam à criança determinados conhecimentos, compostos de fatos, regras ou princípios que podem ser transmitidos oralmente por quem os detém – o professor, os livros, os bancos de dados etc. Aqui se dá importância ao tipo de *saber proposicional*: não se trata de saber como, mas de *saber que*, isto é, de dominar um conjunto de proposições a respeito de um determinado assunto, tema, problema ou questão. Nessa concepção, a mente da criança tende a ser pensada como uma tábula rasa, como uma página em branco ou como um recipiente vazio que pode ser preenchido pelo conhecimento escolar. E, nesse caso, ensinar significa contar, descrever ou narrar algo a alguém.

As crianças são seres pensantes

Nesse modelo, o esforço de entender a perspectiva da criança é posto como condição para o sucesso do ensino e da aprendizagem. Nele, "a criança não é meramente ignorante ou um recipiente vazio, mas alguém capaz de raciocinar, de extrair sentidos, por conta própria e pelo discurso com outros".[13] Nesse caso, o conhecimento se desenvolve a partir do *intercâmbio entre os diversos sujeitos pensantes*. Tem-se desenvolvido, nos últimos anos, um conjunto de investigações que procuram compreender como as crianças pensam e como elas conseguem pensar sobre os seus próprios pensamentos e corrigir suas ideias e noções por meio da reflexão sobre suas crenças. Nesse modelo, o professor participa no sentido de auxiliar as crianças a reconhecer suas crenças e instaurar o processo coletivo de reflexão.

As crianças são detentoras de conhecimento

Se a terceira concepção enfatiza as trocas entre os diversos sujeitos presentes no ato educativo, corre-se o risco de subestimar a importância do conhecimento acumulado no passado. Considerar as crianças como detentoras de conhecimento significa reconhecer que existe uma dimensão pessoal da aprendizagem, mas que ela não esgota todo o problema. Todo conhecimento pessoal tem que se confrontar com um conhecimento acumulado coletivamente.

Desse modo, aprender implica dialogar com esse conhecimento coletivo e refletir sobre ele, aprendendo a *manejar um conhecimento* que aparece como referência para toda a sociedade e que, dessa maneira, aparece como "conhecimento objetivo".

É claro que esses quatro modelos caracterizados por Bruner só podem ser entendidos como "tipos ideais". Na prática, acontecem diferentes combinações entre eles, já que o ensino real não pode ser reduzido a uma descrição muito simplificada.

Não se trata também de considerar esses modelos como estando expostos em uma sequência progressiva, do "pior" – ou mais "tradicional" – para o "melhor" – ou mais "moderno". O importante é perceber, de um lado, quais são as nossas próprias representações sobre como funcionam as mentes das crianças, no sentido de entendermos que, quase sempre, nós trabalhamos com suposições idealizadas, incompletas, parciais. De outro lado, feito esse autoexame, que pode e deve ser compartilhado com nossos colegas professores (ou professores em formação), deve-se reconhecer que a escola e o ensino lidam com modalidades de objetos e conhecimentos que se prestam a diferentes tratamentos didáticos. Por que imaginar que devamos ensinar apenas conhecimentos do tipo proposicional, como durante muito tempo – e ainda hoje – teimaram as escolas? Mas também, por outro lado, por que recusar esse tipo de ensino, imaginando que o que interessa para os alunos são apenas os conhecimentos que se adquirem pela experiência direta ou pelo diálogo com os outros e os modos e técnicas de fazer (*know-how*)? Por que recusar que possa haver encanto em redescobrir o que outras pessoas, do presente ou do passado, já descobriram sobre como o mundo e as coisas funcionam? Por que não haveria relevância e sedução em saber que todos os seres vivos até hoje conhecidos são compostos pelo mesmo tipo de molécula básica, o DNA? Por que seria desprovido de interesse (re)descobrir que e como os planetas giram em torno do Sol, e que o nosso sistema solar é possivelmente um dos muitos que existem no Universo? Ou que toda matéria é composta de inúmeras partículas que se organizam nos átomos? Ou, ainda, o que é um rio, uma ilha, uma montanha ou um continente, e como isso pode ajudar a entender o clima em que vivemos, a distribuição das cidades e a produção de alimentos?

30   DIDÁTICA

Cada modalidade de conhecimento se combina ou se presta a diferentes tipos de ensino, diferentes tratamentos didáticos. Não há soluções mágicas disponíveis nos manuais de Didática. Para poder se orientar nesse aparente emaranhado de problemas, é preciso que o professor perceba, em primeiro lugar, as suas próprias concepções de ensino, de aprendizagem, de funcionamento da mente do aluno e dos objetivos que se propõe a atingir em cada momento em que se põe a ensinar.

OS SIGNIFICADOS DO CURRÍCULO ESCOLAR

Durante o processo histórico que resultou na escola que conhecemos hoje, muitas mudanças ocorreram. Uma das mais significativas refere-se à organização dos conteúdos escolares predominantemente por disciplinas e à sua distribuição ao longo da duração do período de estudos. Trata-se da produção e estruturação do *currículo escolar*, mediante o qual se constitui um modo padronizado de aprender e de se relacionar com o conhecimento. As pessoas que frequentam a escola estabelecem um tipo de relação com a cultura e com o conhecimento que passa pela aquisição de um conjunto mais ou menos comum de saberes. Estes, além disso, são apresentados mais ou menos na mesma ordem e mais ou menos da mesma maneira, de tal modo que todas as pessoas que passam pela escola acabam adquirindo um conjunto de critérios comuns de julgamento e de avaliação do saber.

Por um lado, é claro que isso implica reconhecer as possibilidades de uso da escola e do currículo como mecanismo de controle ideológico por parte de quem está no poder. Por outro lado, no entanto, essa introdução das pessoas ao conhecimento por meio de uma ordem canônica, isto é, por meio de um currículo homogêneo e padronizado, permite a criação da ideia de uma *comunidade*. Isso quer dizer que as pessoas letradas, escolarizadas, partilham entre si um conjunto comum de referências culturais, de saberes e conhecimentos, de critérios de julgamento de um texto ou de uma obra de arte, por exemplo, que permite a existência do diálogo, da troca de opiniões. Em resumo, a passagem das pessoas pela escola e pelo mesmo currículo instaura condições para a consolidação de uma esfera pública, de um espaço comum de troca de ideias em que se pode desenvolver a política e, em particular, a democracia.

Hoje, essa possibilidade vem sendo ameaçada, já que têm surgido, há vários anos, diversas críticas à homogeneização dos currículos, e também existem cada vez mais mecanismos que permitem o acesso de cada pessoa, desde que minimamente instruída, às informações e às possibilidades de aquisição do conhecimento.

Esses mecanismos, se bem empregados, podem de fato democratizar o acesso ao conhecimento. As possibilidades abertas pela internet e pelas redes virtuais de comunicação apontam no sentido de tornar disponíveis para extensas parcelas da humanidade uma grande quantidade de saber acumulado. No entanto, há muitos riscos envolvidos na ideia de se abolir a escola ou, pelo menos, de abrandar demais os rigores do currículo escolar, de modo a deixar por conta de cada indivíduo a escolha do seu próprio recorte curricular.

Umberto Eco, estudioso italiano, destaca o significado do currículo escolar como uma espécie de filtro da memória coletiva que permite o diálogo e a partilha de ideias entre as pessoas. Ele aponta, ao mesmo tempo, para os riscos de uma sociedade que não disponha mais desse filtro e em que cada indivíduo se relacione diretamente com o conhecimento, sem nenhum tipo de mediação:

> Cinco bilhões de pessoas no planeta, cinco bilhões de filtragens ideológicas. O resultado corre o risco de ser uma sociedade composta de identidades individuais justapostas (o que me parece ser um progresso) sem mediação de grupo (o que me parece um perigo). Não sei se uma sociedade como essa teria chances de funcionar. Parece-me que um pouco de gregarismo é necessário.[14]

Assim, se por um lado podemos e devemos criticar o currículo escolar, se devemos percebê-lo como uma construção social e, portanto, como algo que pode ser mudado pela ação da própria sociedade, não podemos desprezá-lo ou achar que ele não tem nenhuma importância.

As relações das pessoas com a escola são mediadas pelas representações do currículo que circulam na sociedade. Quando assistimos a certos programas de TV, desses de perguntas e respostas por exemplo, percebemos que existe entre os participantes, os apresentadores, a plateia e os telespectadores uma espécie de consenso, de opinião geral, de senso comum sobre o que se deve esperar que as pessoas que passaram pela escola saibam. Nas situações em que alguém que frequentou a escola nos seus diversos níveis, chegando até o curso superior, por exemplo, não sabe responder a uma determinada questão supostamente "fácil", os espectadores se espantam, e, em certos casos, até mesmo a imprensa reclama da degradação do nível do ensino.

Está implícita aí uma certa representação do currículo. Nessa versão dominante, costuma-se imaginar o conhecimento escolar como um vasto conjunto de informações dos mais variados assuntos organizados em disciplinas, que devem ser completamente memorizadas e que podem ser recuperadas a qualquer instante, independentemente do contexto em que aquela informação específica esteja sendo solicitada.

Se essa não é a representação de currículo escolar que gostaríamos que prevalecesse nas escolas, não é tão simples assim, no entanto, ignorá-la. Parece haver uma expectativa mais ou menos difusa da sociedade a respeito do papel da escola em relação a essa versão de currículo. Visão semelhante se expressa quando se cobra da escola que dê conta de ensinar "aquilo que cai no vestibular".

Tanto num caso quanto no outro, estamos diante de uma situação social em que se procura impor de fora para dentro da escola aquilo que deve ser o currículo escolar. Para pensar e lutar por mudanças efetivas em relação ao que se ensina e na forma como se ensina, é preciso levar em conta essas expectativas difusas e essas cobranças que a sociedade faz em relação à escola.

Se professores e alunos podem propor algo diferente em termos de currículo escolar, isso tem que se combinar com um árduo trabalho de negociação com o restante da sociedade que, afinal, em última instância, é quem institui e deve controlar o ensino numa situação democrática.

É possível intervir nos conteúdos a ensinar, é possível propor alternativas e incluir visões que foram quase sempre excluídas da escola. Mas também é importante, e, talvez, mais urgente, interferir nos modos de ensinar e aprender esses conteúdos, desde que, é

A ESCOLA E O ENSINO 33

claro, se pense que os modos de ensinar vão além da simples proposição de métodos alternativos e que se incorpore a ideia da impossibilidade de separar, também no ensino, o conteúdo da forma.

A AULA COMO OBJETO DA DIDÁTICA

Para que as atividades de ensino possam cumprir sua intenção inicial, a de produzir a aprendizagem, é preciso que se admita que há algo relevante para se ensinar e que deve ser aprendido pelos alunos. Mas também é preciso que, na organização do ensino, fique indicada a possibilidade de o aluno aprender esse conteúdo proposto. Tem cabido à Didática a função de propor os melhores meios para tornar possíveis, efetivos e eficientes esse ensino e essa aprendizagem. Teríamos chegado, então, àquele momento em que o nosso livro de Didática vai finalmente se dedicar a apresentar os melhores meios de ensinar os conteúdos aos alunos, enfim, os chamados métodos de ensino.

Não é disso, porém, que se vai tratar neste livro. Destacamos anteriormente que ensinar não é uma atividade que se faz no vazio, que ela depende estritamente do conteúdo. Portanto, estamos com isso admitindo que ensinar implica adotar procedimentos diferentes, dependendo do tipo de conteúdo com que se lida. Isso leva alguns críticos a dizerem que não pode existir uma didática geral, que ela seria uma disciplina inútil ou impossível. Só existiriam didáticas particulares, ligadas a cada matéria do currículo, portanto didáticas ou, como querem os críticos mais radicais, metodologias do ensino de Matemática, História, Ciências, Língua Portuguesa e assim por diante.

A posição aqui exposta diverge um pouco dessa ideia. Acontece que, se o ensino é uma atividade diretamente ligada ao conteúdo que é ensinado, há, no entanto, um conjunto de problemas e de questões comuns que envolvem quase todos os tipos de ensino, em especial o que se pratica nas escolas, e que não dependem exclusivamente do conteúdo daquilo que se ensina. Trata-se das chamadas *questões de ensino*, que envolvem os *agentes* do ensino e da aprendizagem (*professores* e *alunos*), a *relação pedagógica* no sentido mais amplo, os problemas da *disciplina* e da *indisciplina*, as dificuldades ligadas à *avaliação* dos resultados da aprendizagem.

34 DIDÁTICA

Enfim, trata-se de um conjunto de temas e questões que aparecem em todas as ocasiões de ensino, em especial nas situações escolares, e cujas respostas não dependem apenas dos conteúdos do ensino.

Desse modo, podemos deixar para as metodologias do ensino das diversas disciplinas a reflexão a respeito dos melhores meios de ensinar os conteúdos. E podemos, assim, voltar nosso olhar para essas outras dimensões do ensino que, do nosso ponto de vista, só podem ser abordadas convenientemente com base numa reflexão didática mais ampla.

Para entender as diversas configurações com que essas questões do ensino aparecem, devemos concentrar nossa atenção nesse núcleo da atividade da escola que é a *aula*.

A aula é o lugar da concretização do ensino. É o momento em que o professor executa os procedimentos que havia preparado. Supostamente, um planejamento bem realizado deveria garantir o sucesso e a eficiência desse empreendimento. No entanto, todos nós sabemos que não é bem assim. A nossa experiência de alunos já nos fez perceber que uma aula é uma atividade que se realiza sob risco permanente: um acontecimento imprevisto, uma "gracinha" de alguém, uma pergunta de um aluno – às vezes sincera, às vezes maliciosa – que gera um mal-entendido com o professor, qualquer acontecimento desses pode fazer uma aula não dar certo.

Do ponto de vista do professor, ele procura se apoiar em alguns procedimentos que pensa serem confiáveis: modelos de aula que ele teve como aluno, modelos de aula que ele já experimentou e que tiveram algum sucesso. Ou pode recorrer aos manuais de Pedagogia, desses que ensinam o que fazer e o que não fazer quando tudo dá errado. Mas cada aula, em cada situação particular, é uma *experiência nova*. Não é nova no sentido de ser única e incomparável, mas sim porque ela expressa um momento e um conjunto de circunstâncias particulares. Os professores sabem que o mesmo plano e modelo de aula, aplicado às vezes no mesmo dia, em classes diferentes, pode ter resultados bastante distintos.

Progressivamente, durante a sua carreira, os professores têm a tendência de adotar determinados padrões didáticos, que derivam das mais variadas fontes: das experiências pessoais, das leituras e reflexões, da observação e do diálogo com os colegas ou mesmo de uma espécie de "senso comum pedagógico" que acaba sendo produzido em cada ambiente escolar.

Há muitos anos se instaurou uma divisão do campo pedagógico que costuma opor o *ensino renovador*, novo, moderno, sintonizado com as mudanças da sociedade e com o progresso, a aquilo que é chamado pejorativamente de *ensino tradicional.*

Acontece que um certo tipo de crítica muito radical dos procedimentos didáticos ditos "tradicionais" acabou produzindo mais uma caricatura do que uma verdadeira descrição do que acontecia e do que ainda acontece na maioria das escolas. Assim, encontramos, em diversos lugares, descrições de salas de aula que nos falam de alunos estáticos, paralisados, mudos e desinteressados, ouvindo a arenga de um professor insensível aos interesses e preocupações das crianças, preocupado apenas em "dar toda a matéria que vai cair na prova".

Essa caricatura parte de um conjunto de suposições que muitas vezes não se sustentam:

- As escolas tradicionais nunca ensinaram nada a ninguém;
- A simples adoção de alguns dos procedimentos "tradicionais", como a aula expositiva, já iguala o professor à caricatura do opressor;
- Todos os conhecimentos relevantes se prestam a um tratamento experimental, o que exclui a necessidade ou importância da transmissão oral de conhecimentos;
- Quem passa pelo modelo de ensino baseado na exposição oral de conhecimentos necessariamente se torna alguém alienado;
- Todo ensino centrado no aluno é por definição mais interessante, libertador e progressista;
- É muito fácil definir quais são os verdadeiros interesses dos alunos.

Se for feito um exame acurado e equilibrado das situações realmente vividas nas escolas, fica bastante claro que essas afirmações ou suposições a respeito de um ensino dito *tradicional* não têm fundamento. Muitos de nós (quase todos) fomos formados por um tipo de escola que se poderia encaixar no perfil do ensino tradicional. E, junto conosco, gerações e gerações de pessoas, ao longo de décadas e décadas.

Portanto, em alguma medida, aquele tipo de ensino tinha – e tem – algum fundamento. Não se pode deixar de apontar, é claro, o quanto alguns dos procedimentos mais costumeiros da escola do passado eram elitistas, excludentes e centrados num tipo de currículo que valorizava o padrão cultural mais condizente com os interesses dos grupos dominantes da sociedade. No entanto, o dilema entre *novo* e *tradicional* na educação, tal como ele é proposto na maior parte dos casos, é um falso problema. Não é pela adoção deste ou daquele procedimento didático ou pela maior ou menor ênfase nos conteúdos acadêmicos que se podem avaliar os resultados do ensino e do trabalho do professor.

Até hoje, os estudos da Pedagogia não conseguiram entender a contento os resultados efetivos do saber e do aprendizado escolar, tanto em termos cognitivos quanto em termos de experiências sociais relevantes e do significado dos conhecimentos proporcionados por esse ensino frente às experiências singulares de cada aluno e às experiências coletivas de todos eles.

As profundas mudanças no modelo escolar produzidas pelo ingresso das massas populares no ensino fundamental e, mais recentemente, no ensino médio, obrigam-nos a pensar que os significados da escolaridade também se alteraram profundamente ou se multiplicaram num nível que antes não podia ser imaginado.

Se, para alguns setores da classe média, percorrer os vários graus do sistema escolar ainda pode representar esperança de ascensão social, ou pelo menos de manutenção do *status*, os significados da escola para grandes parcelas das classes populares são muito diversos. De um lado, há o sonho reiterado de melhorar de condição, representado pela noção de que é preciso estudar "para ser alguém na vida". Mas isso se combina, ou às vezes se opõe, à diversidade de situações que se podem encontrar nas escolas destinadas às classes populares, principalmente em países como o Brasil, mas não exclusivamente. Há diversos relatos que mostram situações muito similares mesmo em países como a França ou os Estados Unidos, quando se tomam as escolas destinadas aos pobres.

Para entender as diferenças de expectativas com que os alunos vêm para a escola e também os diferentes níveis de resultados efetivos que se conseguem em termos da aprendizagem dos alunos, seria importante, num primeiro momento, deter-se de modo mais demorado na aula. O que de fato acontece ali? O que é proposto e o que se consegue fazer efetivamente? Quais os sentidos dessas experiências para os alunos? E para os professores?

No restante do nosso livro, estaremos envolvidos na discussão dessas e de outras questões que irão surgindo em nosso caminho pela Didática.

ATIVIDADES PROPOSTAS

1) O exercício aqui será o de descrever uma aula. Individualmente ou em grupos, procure observar uma aula. Pode ser qualquer uma, da sua escola, de outra escola ou até mesmo uma aula representada num filme do cinema. Faça todas as anotações possíveis, procurando pensar na aula como a tal relação triádica que vimos anteriormente (*x* ensina *algo* a *alguém*).

Será importante observar:

- como o *professor* se comporta: atitudes, postura corporal (em pé, sentado, em frente à classe, em meio aos alunos, parado, andando), linguagem (formal, coloquial), como ele se dirige aos alunos (para advertir, instigar, completar, elucidar, expor, propor questões etc.);
- como os *alunos* recebem a mensagem: atitudes, postura corporal, receptividade à fala e à escrita (estão atentos ou não, anotam ou não), como os alunos se dirigem ao professor ou aos colegas;
- como o *conteúdo* é apresentado (exposição, leitura pelo professor, leitura pelos alunos, debates, seminários, discussões), como ele é recuperado (respostas de questões, orais ou escritas, resumo pelo professor etc.).

Procure anotar, se possível, o tempo destinado a cada atividade. Em seguida, com base nas diversas descrições coletadas (individuais ou coletivas), procure discutir:

a) Qual o papel de cada um dos vértices da relação triádica nas aulas observadas?

- o professor
- os alunos
- o conteúdo

c) Com qual ou quais concepções de mente se trabalha nessa aula? O tipo de ensino proposto é compatível com ela(s)?

2) Da literatura brasileira do século xix, retiramos os dois trechos abaixo que relatam situações de sala de aula. O **Trecho 1** é do livro *O Ateneu*, de Raul Pompeia. Já o **Trecho 2** foi retirado de um conto de Machado de Assis, intitulado *Conto de escola*. Leia os dois textos com cuidado e em seguida discuta as semelhanças e diferenças entre as situações ali descritas e as que foram levantadas no exercício anterior de descrição de uma aula.

Trecho 1

Fui também recomendado ao Sanches. Achei-o supinamente antipático: cara extensa, olhos rasos, mortos, de um pardo transparente, lábios úmidos, porejando baba, meiguice viscosa de crápula antigo. Era o primeiro da aula. Primeiro que fosse do coro dos anjos, no meu conceito era a derradeira das criaturas.

Entretinha-me a espiar os companheiros, quando o professor pronunciou o meu nome. Fiquei tão pálido que Mânlio sorriu e perguntou-me, brando, se queria ir à pedra. Precisava examinar-me.

De pé, vexadíssimo, senti brumar-se-me a vista, numa fumaça de vertigem. Adivinhei sobre mim o olhar visguento do Sanches, o olhar odioso e timorato do Cruz, os óculos azuis do Rebelo, o nariz do Nascimento, virando devagar como um leme; esperei a seta do Carlos, o quinau do Maurílio, ameaçador, fazendo cócegas ao teto, com o dedo feroz; respirei no ambiente adverso da maldita hora, perfumado pela emanação acre das resinas do arvoredo próximo, uma conspiração contra mim da aula inteira, desde as bajulações de Negrão até à maldade violenta do Álvares. Cambaleei até à pedra. O professor interrogou-me; não sei se respondi. Apossou-se-me do espírito um pavor estranho. Acovardou-me o terror supremo das exibições, imaginando em roda a ironia má de todos aqueles rostos desconhecidos. Amparei-me à tábua negra, para não cair; fugia-me o solo aos pés, com a noção do momento; envolveu-me a escuridão dos desmaios, vergonha eterna! liquidando-se a última energia... pela melhor das maneiras piores de liquidar-se uma energia.

Fonte:

Pompeia, Raul. *O Ateneu*. 16. ed. São Paulo: Ática, 1996 (Bom Livro).

Texto proveniente de:

A Biblioteca Virtual do Estudante Brasileiro <www.bibvirt.futuro.usp.br> A Escola do Futuro da Universidade de São Paulo

Trecho 2

Na verdade, o mestre fitava-nos. Como era mais severo para o filho, buscava-o muitas vezes com os olhos, para trazê-lo mais aperreado. Mas nós também éramos finos; metemos o nariz no livro, e continuamos a ler. Afinal cansou e tomou as folhas do dia, três ou quatro, que ele lia devagar, mastigando as ideias e as paixões. Não esqueçam que estávamos então no fim da Regência, e que era grande a agitação pública. Policarpo tinha decerto algum partido, mas nunca pude averiguar esse ponto. O pior que ele podia ter, para nós, era a palmatória. E essa lá estava, pendurada do portal da janela, à direita, com os seus cinco olhos do diabo. Era só levantar a mão, despendurá-la e brandi-la, com a força do costume, que não era pouca. E daí, pode ser que alguma vez as paixões políticas dominassem nele a ponto de poupar-nos uma ou outra correção. Naquele dia, ao menos, pareceu-me que lia as folhas com muito interesse; levantava os olhos de quando em quando, ou tomava uma pitada, mas tornava logo aos jornais, e lia a valer.

Fonte:
Assis, Machado de. *Obra Completa*. Rio de Janeiro: Nova Aguilar, 1994, v. ii.

Texto proveniente de:
A Biblioteca Virtual do Estudante Brasileiro <www.bibvirt.futuro.usp.br>
A Escola do Futuro da Universidade de São Paulo

Notas

[1] A análise pioneira do processo histórico de constituição da infância foi feita pelo historiador francês P. Ariès, 1981.

[2] A. Houaiss, 2001.

[3] No último capítulo deste livro, você encontrará algumas informações sobre esse e alguns outros autores importantes para as nossas reflexões sobre a Didática.

[4] J. A. Comenius, s/d, pp. 43-4.

[5] P. Hirst, 2001, pp. 65-6, também disponível em <www.educ.fc.ul.pt/docentes/opombo/hfe/cadernos/ensinar/hirst.pdf.>.

[6] A. D. de Castro, 2001, p. 16.

[7] O autor foi professor de Filosofia da Educação na Universidade de São Paulo. Conferir: J. M. P. Azanha, 1985.

[8] P. Hirst, op. cit., p. 76

[9] J. Passmore, 2001, p. 18, também disponível em <www.educ.fc.ul.pt/docentes/opombo/hfe/cadernos/ensinar/passmore.pdf.>.

[10] Idem, p. 6.

[11] J. Bruner, 2001.

[12] Idem, p. 57.

[13] Idem, p. 62.

[14] U. Eco, 1999, p. 191.

Os professores: identidade e formação profissional

O cinema, a TV, a literatura, as histórias em quadrinhos e outros veículos de comunicação têm apresentado, durante os últimos 100 ou 150 anos, um conjunto de imagens do bom professor ou da boa professora. Trata-se, quase sempre, de alguém completamente dedicado à sua profissão, capaz de sacrificar sua vida pessoal em prol dos alunos e de dedicar a eles total amor, compreensão e empenho. Ser professor ou professora, nessas representações, aparece muito mais como missão do que como profissão.

Alguns de nós nos lembramos do professor vivido por Sidney Poitier no filme *Ao mestre com carinho*. Ele é retratado como um verdadeiro *herói*, que chega numa escola pública norte-americana em que os alunos são desinteressados, desordeiros, violentos. No entanto, ele consegue, com o seu exemplo pessoal e o seu carisma, mudar completamente as atitudes daqueles jovens, que se tornam atentos às aulas, interessados no conhecimento e capazes de manter relações saudáveis e cordiais entre si e com os mais velhos.

Alimentados, entre outras coisas, também por imagens de mestres como as desse filme e de outros que se seguiram a ele, muitos futuros professores se decidiram por essa profissão, reconhecidamente dura, pouco compensadora em termos de remuneração, mas aparentemente capaz de oferecer aos seus praticantes inúmeras outras compensações de ordem pessoal, moral, espiritual, filosófica ou política.

O cinema americano tem reproduzido essa imagem do professor herói-redentor desde tempos mais antigos até filmes muito recentes, como em *O sorriso de Monalisa*, em que Julia Roberts revive essa figura na personagem de uma professora de Artes, feminista, numa escola superior para moças nos anos 1950.

No Brasil, essa imagem da professora ou do professor ideal não tem sido tão explorada quanto nos Estados Unidos. Mas ela costuma reaparecer periodicamente, em ciclos anuais, na imprensa em geral. Por ocasião do Dia do Professor, todo mês de outubro, jornais, revistas e programas de rádio e de TV se ocupam de mostrar as dificuldades da vida cotidiana e do trabalho das professoras e dos professores do Brasil, em especial os das séries iniciais.

Assim, costumamos ser brindados com reportagens que exploram a precariedade da profissão docente nos mais diversos lugares do país: a professora da Amazônia que tem que remar diariamente na sua canoa para chegar à escola instalada numa palafita precária; a jovem mestra, sem diploma, que ensina o pouco que sabe num barracão de madeira e barro no agreste nordestino; ou a professora formada que leciona numa escola de lata na periferia da maior cidade do país.

O que essas reportagens costumam mostrar é que, no final das contas, apesar das agruras vividas por esses profissionais, eles se sentem, no fundo, recompensados pelo pouco ou muito que conseguem doar aos seus alunos. Se não estamos diante das figuras míticas de professores do cinema de Hollywood, o papel dessas imagens verde-amarelas não é muito diferente. Também aqui parece ser possível redimir as crianças e os jovens com quem trabalhamos e legar a eles melhores perspectivas de vida.

É claro que aparecem, de vez em quando, imagens concorrentes, como a da professora ou do professor perverso, dedicado à tarefa de aterrorizar ou incomodar profundamente os alunos, controlando-lhes todos os passos, todos os pensamentos, todos os atos.

De outro lado, os movimentos de professores, suas associações, sindicatos e manifestações têm procurado enfatizar os aspectos materiais da profissão e têm insistido nas semelhanças entre os praticantes do ofício docente e os das demais profissões assalariadas, todos submetidos à exploração do seu trabalho e às condições de vida reservadas à classe trabalhadora no mundo capitalista.

Diante desse conflito de imagens e representações, como podemos entender os efetivos papéis e significados do nosso ofício? Será que podemos abandonar completamente tudo que vem indicado nas imagens idealizadas do mestre abnegado e dedicado e admitir que o nosso trabalho é igual a todos os outros, praticado apenas em troca da remuneração?

Para tentar entender melhor o que está envolvido aí, parece importante olhar para o passado e recorrer ao exame histórico da formação da profissão docente. A História da Educação vem mostrando, nos últimos anos, como os professores e a função docente foram se constituindo como uma profissão, desde o século XIX. Naquele tempo, havia vários modelos de escola e, portanto, havia diferentes tipos de professores.

No caso brasileiro, no ensino elementar ou primário, o que se chamava de escola era normalmente um estabelecimento muito simples, composto de uma única sala. Essa sala era alugada pelo professor, fosse ele público ou particular, ou muitas vezes funcionava na própria casa desse mestre ou mestra. Por vezes, essas escolas isoladas ficavam situadas na zona rural, na sede de uma fazenda. Os alunos tinham idades e graus de conhecimento diferentes. Ali, o professor ensinava a ler e escrever, alguns rudimentos de aritmética e pouco mais do que isso.

Para a continuidade dos estudos, as crianças e os jovens eram encaminhados aos colégios, que ministravam ensino de nível secundário, preparatório para o ingresso na universidade. O ensino primário geral, básico, era acessível a muito poucos.

Alternativamente a essas salas isoladas, começaram a se criar escolas mais institucionalizadas. Ali, os alunos continuavam misturados em relação à idade ou ao adiantamento dos estudos, mas havia um sistema de monitores, o chamado ensino mútuo, que permitia que um professor desse conta de um número muito grande de alunos, já que contava com assistentes.

Outra modalidade eram as escolas seriadas em que, numa sala única, o professor passava a dividir os alunos mediante seu nível de adiantamento nos estudos. Ao mesmo tempo, ele instituía uma espécie de revezamento de atividades, de modo que pudesse concentrar sua atenção em apenas um dos grupos de cada vez.

Já havia ali uma ideia de progressão no ensino, de modo que os alunos percorriam os diversos graus ou níveis ao longo do tempo.

Com o reconhecimento pelos governos da necessidade de organização do sistema de ensino pelo Estado, passaram a surgir outras propostas. A mais bem-sucedida e que acabaria dando a configuração mais duradoura da escola de massas seria a da escola graduada, que entre nós acabou recebendo o nome de *grupo escolar*. A solução encontrada foi a de reunir no mesmo prédio diversos alunos e diversos professores. Esses meninos e meninas seriam agrupados em classes seriadas, por idade e por adiantamento de estudos, de tal forma que seria preciso passar em sequência por todas as classes para concluir os estudos.

Nessa modalidade de escola, os grupos de alunos são mais homogêneos e se reúnem em salas com um número mais ou menos fixo de componentes. Os professores atuam individualmente, com cada classe, sendo que nos primeiros anos (ensino primário) são professores generalistas que se responsabilizam pelos alunos durante todo o ano letivo, enquanto que nos estágios mais avançados (ensino secundário) cada classe é assumida em rodízio por professores especialistas das diversas disciplinas.

Nessas escolas, os horários são rígidos e controlados externamente: há um sinal que toca na entrada, na saída e em cada intervalo previsto. Os espaços em que acontecem as aulas são estruturados especificamente para essa finalidade, com mobiliário e demais instrumentos didáticos apropriados, o que leva à constituição de uma pedagogia pensada especificamente para o ambiente da sala de aula: a aula expositiva, os exercícios em classe e as tarefas de casa, as provas escritas e as chamadas orais, a organização do material didático em lições etc. Os saberes passam a ser organizados em disciplinas escolares, que se tornam referências para toda a organização do ensino e do trabalho pedagógico.

Foi esse modelo que deu forma ao que nós chamamos hoje de escola. Quando usamos esse termo, dificilmente pensamos em algo diferente. Essa forma teve muita importância para a definição da profissão docente, a tal ponto que quase não conseguimos imaginar como seria ser professor em outro tipo de escola. Com a reunião de diversos docentes no mesmo prédio, mas atuando cada um em sua sala, estabeleceram-se algumas condições que marcam esse tipo de trabalho até hoje:

1. Trata-se de um trabalho que se faz com relativo isolamento e autonomia, que se realiza, em grande medida, individualmente. A sala de aula e esse isolamento definem o âmbito do poder, da autoridade e da própria autonomia do professor durante a realização do seu trabalho;
2. O ensino está praticamente limitado à sala de aula, já que é apenas ali que alunos e professor se encontram em situação didática. A sala de aula é definida como o lugar por excelência do ensino; já a maioria das demais atividades escolares não é entendida como educativa;
3. O professor passa a se vincular ao seu lugar de trabalho. A definição da identidade do professor se liga à da instituição escolar: ser professor é ser professor de uma determinada escola, e a situação ideal é a do docente que trabalha durante anos seguidos na mesma instituição;
4. O trabalho do professor passa a ser controlado externamente, pela direção e pelo restante da equipe pedagógica da escola.

Quando se instituíram as escolas seriadas, do ponto de vista do Estado passou a ser possível controlar mais eficientemente o trabalho dos professores. No sistema de escolas isoladas – que, aliás, não desapareceu de um momento para o outro – era muito difícil fiscalizar as inúmeras e dispersas classes que funcionavam em diversas cidades e na zona rural. Os professores eram praticamente autônomos na maior parte do tempo e podiam fazer o que quisessem: controlar seu horário, cuidar das matrículas e dos registros burocráticos, estabelecer as regras de funcionamento da escola, dosar o ritmo das atividades etc.

Com a criação de um sistema de escolas estatais seriadas, criou-se ao mesmo tempo um grupo de especialistas encarregados do controle. Aos antigos inspetores vieram somar-se os diretores e, mais tarde, um conjunto de outros especialistas, como psicólogos, médicos e dentistas escolares, assistentes sociais, pedagogos etc. Uma parte desse grupo de especialistas foi composta por professores que se apartavam do grupo profissional de origem para se tornarem fiscais dos seus antigos colegas.

Na mesma medida em que os professores acabam perdendo parte da autonomia e do controle sobre o seu trabalho, a mudança para as escolas seriadas trouxe algumas consequências interessantes para a constituição da sua identidade profissional. Ao se juntarem diversos professores no mesmo edifício, eles passaram a se encontrar face a face com os seus colegas. Isso permitiu o reconhecimento da semelhança das situações experimentadas no trabalho e das condições de vida, o que acabou contribuindo para gerar uma identidade ou um espírito de corpo.

Ao mesmo tempo, ao serem submetidos a condições de trabalho semelhantes, os professores começaram a definir certos hábitos profissionais comuns. O tempo e o lugar da aula tenderam a se delimitar, mediante a imposição de um horário comum e da sala de aula como espaço adequado ao ensino. Isso acabou influenciando a organização do programa escolar: se antes, trabalhando de maneira isolada, o professor podia controlar o seu tempo de trabalho, desenvolvendo os tópicos de ensino de acordo com o que julgasse necessário, no novo modelo de escola as unidades didáticas tiveram que se ajustar aos cerca de 50 minutos de duração de cada aula. A composição de grupos mais homogêneos de alunos acabou facilitando a constituição de um certo modo de ensinar, que se expressou na organização física do ambiente da sala de aula e no *ensino simultâneo*.

O ensino simultâneo hoje em dia parece estar em crise ou, pelo menos, tem recebido muitas críticas. No entanto, quando foi criado, ele apareceu como a solução didática para criar um modelo de escola tendencialmente aberto às massas. O ensino simultâneo se baseia na ideia de que um professor pode ensinar o mesmo assunto, ao mesmo tempo, a todos os seus alunos, desde que utilize os métodos, instrumentos e procedimentos adequados e desde que os alunos tenham sido selecionados adequadamente, de modo a comporem um grupo o mais homogêneo possível.

É essa proposta do ensino simultâneo que justifica o arranjo das carteiras dos alunos em fileiras, voltadas para a frente da sala, onde deveria ficar postado o professor. A ideia implícita era a de que o professor se dirigia a todos os alunos, na medida em que havia uma dupla suposição: o professor dominava o conteúdo e os métodos de ensino e os alunos eram todos igualmente capazes de alcançar a compreensão, o entendimento.

Essa proposta de ensinar os mesmos conteúdos a todos os alunos é baseada na suposição da profunda semelhança entre todas as mentes humanas. E é a admissão dessa semelhança que permite a estruturação de um modelo de ensino fundamentado na palavra do professor e na exposição didática. Esse modelo viria a ser chamado, mais tarde, de *ensino tradicional,* e já foi alvo de muitas críticas. Algumas delas foram (e ainda são) bastante pertinentes, mas outras, no entanto, parecem quase como se fosse um tipo de alergia: não sabemos bem por quê, mas aquilo desencadeia em nós um conjunto de reações que nós não entendemos, não controlamos e não sabemos resolver.

Aparentemente, as razões da recusa das proposições desse modelo de ensino ficaram esquecidas e continuamos a usar a expressão "ensino tradicional" apenas como uma arma contra certos professores e certos modos de ensinar que não nos agradam. Chamar um professor de "tradicional" parece ser, hoje, a suprema ofensa à dignidade do profissional.

É preciso recordar, porém, que no momento em que esse tipo de ensino e de escola se configurou as relações da sociedade com a tradição eram bastante diferentes do que viria a acontecer na modernidade. A tradição era pensada como um sólido ponto de apoio que permitiria a construção do futuro. Ao mesmo tempo, entendia-se que a parte mais significativa da tradição estava incorporada e acumulada na cultura intelectual, nas obras humanas, nos livros, na arte.

Desse modo, a escola era entendida como portadora de uma missão pública, republicana: permitir que as novas gerações se apropriassem dessa tradição e pudessem levá-la adiante. Nessa escola, o professor, como representante do mundo adulto e agente nomeado pelo Estado para cumprir essa missão, assumia um papel privilegiado no processo de desenvolvimento das crianças. Imaginava-se que elas aprendiam principalmente pelo contato com a experiência humana incorporada nas obras e transmitida por meio da exposição didática – funcionava, aí, a concepção da mente da criança como uma tábula rasa a ser preenchida.

Entendido como exposição didática, o ensino deveria partir de uma reorganização e divisão do conhecimento em partes, em porções pequenas, que pudessem ser absorvidas no tempo de uma aula ou lição. Para tanto, apontava-se a necessidade de uma repartição ordenada dos horários de cada disciplina, de modo que se pudesse distribuir o programa de ensino ao longo do ano letivo.

Esse método foi sistematizado, entre outros, pelo filósofo e educador alemão Herbart.[1] Para esse autor, tratava-se de ensinar o conteúdo a partir da própria estrutura lógica do conhecimento. Isso exigiria lições muito bem preparadas – o professor não pode improvisar, ele tem que preparar ordenadamente as suas aulas. Esse ensino deveria ser fundado na *intuição* – cada lição parte dos conhecimentos já incorporados pela criança. Ele se vale da *indução* de modo que, a partir do estabelecimento de fatos parciais, chega-se aos fatos gerais e, daí, estabelecem-se leis também gerais que podem ser aplicadas em situações semelhantes. Por fim, o método se baseia na *ação* do professor e do aluno mediante o processo da interrogação didática. Nesse processo, o professor e os alunos travam uma espécie de diálogo simulado: o professor pergunta, e, se alguém sabe, responde, depois do que o professor confirma; se ninguém sabe, o professor expõe a resposta correta por meio de uma explanação sobre o assunto.

As aulas no método herbartiano, ou no método expositivo clássico, organizam-se de acordo com cinco etapas sucessivas:

1. *Preparação*: consiste numa recordação do que foi visto na aula anterior, o que às vezes se faz mediante a correção dos exercícios que haviam sido determinados para serem feitos em casa;
2. *Apresentação*: o professor expõe o conteúdo novo a ser aprendido naquele dia;
3. *Comparação* ou *assimilação*: são procuradas e apontadas diversas situações em que se podem aplicar os conhecimentos recentemente apresentados. Trabalha-se aqui com os exemplos;
4. *Generalização*: com base nos exemplos anteriores, chega-se ao estabelecimento de padrões, de regularidades ou de leis

gerais que permitem a aplicação do conteúdo assimilado em qualquer circunstância em que ele seja adequado;

5. *Aplicação*: é a fase dos exercícios a serem resolvidos em classe ou em casa.

Nessa modalidade de ensino, que se torna dominante no processo de escolarização de massas entre meados do século XIX e início do século XX, a educação é pensada e proposta essencialmente como um modo de transmissão da cultura. Nesse tipo de escola e de ensino, o professor tem uma posição central e a sua autoridade e o seu prestígio social vão se fundar justamente sobre seu papel de agente de transmissão do patrimônio cultural para as novas gerações.

A IDENTIDADE DOS PROFESSORES:
CONSTITUIÇÃO, MUDANÇA E CRISE

No mesmo momento em que o modelo consolidado de escola acabava de se firmar e generalizar, ele começou a ser criticado. Na sociedade em geral e na educação em particular, com o aparecimento do que veio a se chamar *modernidade*, mudam-se as relações com a tradição, que deixa de ser pensada como a garantia de manutenção do tecido social.

Num contexto de aceleração do processo industrial e da urbanização, imagina-se que seria preciso romper com o passado e com a tradição para se atingir aquilo que passa a ser desejado como o objetivo máximo da sociedade moderna: o progresso. No campo educacional, surgem diversas propostas pedagógicas que partem de uma crítica do ensino dominante na época e que vai ser chamado de *ensino tradicional*. Essas propostas são formuladas por um conjunto de educadores de diversos países, que acabam se juntando num verdadeiro movimento internacional: a Educação Nova ou Escola Nova.

Esse movimento critica a escola e o professor existentes, que são chamados de tradicionais porque simplesmente reproduziriam as tradições e as estruturas da sociedade do passado. Seria necessário romper com isso e adotar procedimentos e concepções pedagógicas modernas, progressistas, sintonizadas com as rápidas mudanças na sociedade e no conhecimento científico. Assim, embora os defensores da Educação Nova criticassem a escola e o professor, acabaram mantendo um papel central para a educação na medida em que pretendiam transformar a escola e o professor em agentes do progresso.

O movimento da Educação Nova reuniu autores com propostas bastante diferentes, como Dewey, Montessori, Decroly, Ferrière, entre outros. Porém, havia algo em comum entre eles: a proposta de incorporação pela Pedagogia e pela Didática das contribuições dos estudos provenientes da psicologia da infância, que vinham sendo produzidos desde finais do século XIX. A ideia era de que agora, com a possibilidade de entender cientificamente a criança, as suas etapas de desenvolvimento e os seus modos de aquisição de conhecimento, seria possível constituir uma Pedagogia e um conjunto de propostas de ensino bem fundamentadas.

Com base nesses fundamentos surgem diversas alternativas ao método da exposição didática, como o sistema de projetos, baseado nas proposições de Dewey, a pedagogia montessoriana, os centros de interesse de Decroly, entre outras sugestões escolanovistas. A ideia básica que une todas essas propostas é a de que o papel decisivo e ativo na aprendizagem deve ser exercido pela criança, que passa a ser o centro da aula. Por essa razão, os textos da época às vezes chamam as novas propostas pedagógicas de *escola ativa*.

Nessa concepção, o professor deve se deslocar para uma posição secundária, como auxiliar, monitor ou animador dos debates. A aula e o currículo devem ser estruturados de maneira a permitir que a aquisição dos conhecimentos pela criança se dê por meio da sua participação constante. A aula expositiva é praticamente banida como recurso didático. O que importa é a aprendizagem ativa, por meio da interação direta da criança com os objetos materiais, com as experiências concretas, com a vida e com a produção do conhecimento.

Não se trata aqui de examinar essas diversas propostas de ensino. O mais importante é perceber que, ao criticarem a escola dita tradicional, as proposições da Educação Nova acabaram tendo consequências importantes em termos da constituição e da manutenção da identidade profissional do professor. Se ele não está mais no centro do processo de ensino e aprendizagem, se ele não é mais a figura responsável pelo vínculo de continuidade da tradição entre as velhas e a nova geração, o que lhe resta?

Além do mais, a modernidade impõe um ritmo tão acelerado de mudança que tende a transformar qualquer novidade em algo superado em pouquíssimo tempo. Assim, uma proposta didática radicalmente nova num determinado momento, no instante seguinte já corre o risco de ter sido substituída por uma sugestão bastante diferente e que passa a ser vista como muito mais avançada.

Acontece que o processo de formação dos professores opera com prazos mais longos e com ritmos bastante mais lentos, tanto em relação à formação inicial, nas escolas de preparação de docentes, quanto em relação à formação continuada, que se desenvolve ao longo da carreira dos profissionais do ensino. Essa disparidade ou descompasso de ritmos produz um tipo de profissional que, de acordo com António Nóvoa, sofre ao mesmo tempo os efeitos da rigidez e da moda:

> Os professores são paradoxalmente um corpo profissional que resiste à moda e que é muito sensível à moda. A gestão pessoal desse equilíbrio entre a *rigidez* e a *plasticidade* define modos de encarar a profissão docente.[2]

Ainda de acordo com Nóvoa, a identidade profissional do professor é um espaço de construção das maneiras de ser e de estar na profissão. A exemplo de outras profissões, ela se constitui tanto em relação a uma definição mais geral do trabalho e do trabalhador quanto em relação às dimensões mais particulares que definem o âmbito e a especificidade da função docente. Cada professor, ao interagir com as diversas dimensões profissionais e pessoais da profissão, acaba compondo um modo individual de ser professor.

> A resposta à questão, *Por que é que fazemos o que fazemos na sala de aula?*, obriga a evocar essa mistura de vontades, de gostos, de experiências, de acasos até, que foram consolidando gestos, rotinas, comportamentos com os quais nos identificamos como professores. Cada um tem o seu modo próprio de organizar as aulas, de se movimentar na sala, de se dirigir aos alunos, de utilizar os meios pedagógicos, um modo que constitui uma espécie de *segunda pele profissional*.[3]

Na tentativa de compreender os professores, a constituição das suas identidades e os diversos modos de relação desses profissionais com a docência, os estudiosos tenderam muitas vezes a não dar muita importância às particularidades da profissão de professor, entendendo que ela é muito semelhante à de qualquer trabalhador. Ao mesmo tempo, vários desses estudos só levavam em conta aquilo que pudesse ser generalizado, aquilo que poderia aproximar, aquilo que era comum a todos os professores.

Desse modo, os estudos da profissão docente, durante muito tempo, não foram capazes de (ou não se interessaram por) levar em conta as dimensões da vida, da carreira e da biografia dos professores, que eram pensados de maneira muito genérica, como trabalhadores abstratos. Desde os anos 1980, porém, essa situação tem se alterado e tem havido por parte dos sociólogos, historiadores e outros estudiosos da educação um interesse crescente pelo exame do professor como pessoa.

Um modo de explicar a constituição e as mudanças na identidade dos professores consiste em entender como os diversos Estados nacionais procuram moldá-la e manipulá-la. Para o historiador inglês Martin Lawn, o Estado tem manobrado de maneira bastante hábil essa identidade, por meio da construção de um discurso oficial sobre os professores.[4]

Na perspectiva do Estado, que assume a tarefa de estender e controlar a escolarização nas sociedades modernas, o professor é considerado como um funcionário bastante especial, encarregado, muitas vezes, de funcionar como uma espécie de linha de frente do próprio Estado nos diversos lugares em que passa a atuar. Desse ponto de vista, torna-se estratégico controlar a identidade dos professores e a imagem que a sociedade e os próprios docentes fazem dessa profissão. Ao mesmo tempo, torna-se vital poder selecionar as pessoas que se tornarão professores e controlá-las no seu trabalho.

Durante grande parte do século xx, o esforço será feito no sentido de definir os professores como trabalhadores pacíficos, ordeiros, portadores de grandes qualidades para o exercício da profissão, dotados de autonomia pedagógica, mas suficientemente separados do restante da sociedade, de modo a não se envolverem em agitações políticas, greves ou qualquer outro tipo de atitude capaz de prejudicar os nobres propósitos da tarefa educativa. Como representantes da sociedade, os professores serão pensados como portadores de uma verdadeira missão regeneradora e produtora do progresso da sociedade. Sendo assim, os professores deveriam ser dotados de algumas qualidades essenciais, que lhes garantissem a possibilidade de realização da sua missão: maturidade, entusiasmo, experiência e personalidade.

Com as mudanças de todo o edifício do Estado-nação em finais do século xx, também mudam as formas de gestão da identidade do professor. Pouco a pouco, a ideia de que o professor é um profissional que possui um conjunto de *qualidades* vem sendo substituído pela ideia de que o professor deve ser capaz de adotar determinadas *atitudes* frente ao seu trabalho. Nitidamente, trata-se da importação do modelo de gestão dos trabalhadores que predomina hoje nas grandes empresas. De acordo com Lawn:

> Para atingir estas finalidades, uma nova identidade genérica está a ser construída em torno da ideia de atitudes. Sem a atitude correta não pode existir o efeito correto. A substituição do conceito de qualidades, no anterior critério, pelo de atitude constitui uma alteração significativa. Hoje em dia o professor tem de ter as atitudes adequadas, que são então traduzidas por competências. Por exemplo, tem de ser capaz de trabalhar em equipe, de estar motivado e de ser responsável.[5]

Essas considerações nos ajudam a entender por que os cursos de capacitação profissional e de formação continuada que hoje são oferecidos aos professores tendem a enfatizar justamente esse tipo de competências e de atitudes que são valorizadas entre os profissionais das grandes empresas privadas. Vejamos algumas das competências descritas por Lawn como sendo as mais exigidas hoje em dia:

- Esperar sucesso, por parte dos alunos;
- Assumir responsabilidade pessoal pelo seu próprio desenvolvimento no trabalho e avaliar a sua própria prática (em comparação com os outros);
- Trabalhar sob forte liderança;
- Estabelecer redes com outros professores e trabalhar com os pais e empresas.

Em troca do exercício destas competências, receberão um melhor salário e uma melhor estruturação da carreira, desde que se submetam a uma avaliação regular do seu desempenho e sejam devidamente apreciados.[6]

MUDANÇAS E PERMANÊNCIAS NA NATUREZA DA PROFISSÃO

Hoje se vive um descompasso bastante acentuado entre as rápidas mudanças que acontecem em todos os setores da sociedade e a resistência ou permanência das estruturas básicas do ensino, e isso vem trazendo consequências muito complicadas para os professores. Cada vez mais esses profissionais recebem uma sobrecarga de tarefas, com a intensificação do ritmo de trabalho e as pressões de tempos e prazos muito curtos. Isso acaba provocando um aumento do sentimento de culpa, já que os professores se acham incapazes de cumprir todas as novas exigências da sua função.

O que fica cada vez mais claro é que a tarefa do ensino vem passando por uma profunda mudança, tanto em relação às exigências nela envolvidas, quanto em relação à própria natureza do ofício de ensinar. Durante todo o período da chamada modernidade pedagógica, entre a metade do século xix e o fim do século xx, o ensino acabou se constituindo com base em certas regularidades que, nos dias de hoje, vêm sendo contestadas. Esse conjunto de regularidades permitia afirmar que o professor era um profissional que:

- Trabalhava com turmas segregadas por idades;
- Trabalhava em relativo isolamento, já que sempre havia na sala de aula, em cada momento, apenas um professor, ensinando para vários alunos;
- Ensinava mediante a proposição de questões cujas respostas ele conhecia, ou seja, o professor deveria ser aquele profissional que ensina um saber que ele domina e que seria expresso num *corpus* de conhecimentos bastante concreto;
- Avaliava e cuidava dos alunos sempre em "mão única", isto é, avaliação e cuidado deveriam sempre partir do professor para os alunos.

Esse conjunto de características até hoje, ou pelo menos até pouco tempo atrás, era o que definia a atividade de ensinar. Era também, portanto, o que definia a própria *identidade profissional* dos professores. No entanto, desde o fim do século passado, cada um desses aspectos tem sido contestado:

- Insiste-se cada vez mais na mudança dos critérios de classificação dos alunos, de modo que os professores precisam aprender a conviver com um alto grau de heterogeneidade e diferença. Isso tem consequências importantes para a Didática na medida em que se torna mais urgente pensar e agir no sentido de se contemplar um conjunto novo de situações, em que os professores têm que lidar, no âmbito das escolas e de cada sala de aula, com peculiaridades e diferenças sobre as quais não se pensava antes;

- No campo da produção do conhecimento, pouco a pouco vão sendo diluídas as fronteiras entre as disciplinas. Isso acaba afetando a organização do currículo escolar e reforçando a necessidade do trabalho em equipe, tanto pelos alunos, na sala de aula, quanto pelos próprios professores, que recebem pressões e sentem a necessidade de trabalhar de maneira mais integrada com os colegas;

- A crescente complexidade, volume, rapidez e flexibilidade do conhecimento na sociedade contemporânea põe em questão a centralidade daquele *corpus* fixo e determinado de conhecimentos que constituía o saber escolar. De um lado, admite-se com clareza que ninguém pode dominar todo o conhecimento sozinho. De outro lado, o ideal de um conhecimento totalizante, composto pela soma dos diversos saberes parciais, não parece suficiente hoje do ponto de vista social. Assim, torna-se mais importante no ensino a proposição das "questões sem respostas". Isto é, o principal passa a ser a proposta de desenvolvimento do espírito e das capacidades de investigação, interrogação e dúvida. Com isso, mais do que da transmissão de saberes, o ensino e o professor precisam se ocupar de permitir que os alunos dominem *técnicas, habilidades e competências de pensar e de operar com o conhecimento*. Isso tende a ser confundido, às vezes, com a ideia de que os conteúdos não têm mais importância. Não se trata disso: o conhecimento continua importante, mas não é mais o principal objetivo do ensino escolar;

* Por fim, com todas essas mudanças, torna-se necessário repensar em profundidade o papel e a sistemática da avaliação, que deve ser realizada em múltiplas direções. O professor não é mais o único que avalia; ele também está sendo permanentemente avaliado, inclusive pelos seus alunos.

Do ponto de vista dos profissionais, esse conjunto de alterações do quadro social, que durante muito tempo sustentou o ensino, a escola e o currículo escolar, acaba provocando muito desconforto e perplexidade. Os professores se sentem desorientados.

Por seu lado, os gestores do sistema escolar procuram acelerar as mudanças, muitas vezes por meio da imposição de um discurso ultramoderno sobre as funções do ensino e do professor. Esse discurso acaba sendo percebido pelos docentes como um ataque à sua identidade e ao seu prestígio e *status* profissional. Os professores se sentem em situação desconfortável frente aos dirigentes do ensino, mas também frente aos alunos, à sociedade e a si próprios como indivíduos e como profissionais.

No caso dos professores, uma das expressões dessa confusão de sentimentos que marca a identidade docente é a *culpa*. De acordo com o pesquisador britânico Andy Hargreaves, quando falam das relações emocionais em relação ao seu trabalho, os professores costumam citar, entre outros sentimentos, ansiedade, frustração e culpa. Para ele, "a culpa constitui uma importante preocupação emocional dos professores, que surge frequentemente quando se lhes pede que falem do seu trabalho e da relação que mantêm com ele".[7] Em excesso, a culpa pode tornar-se desmotivante e um importante fator de limitação para o trabalho e para a vida dos professores. De acordo com Hargreaves, há dois tipos de culpa que afetam os professores: a *persecutória* e a *depressiva*.

A *culpa persecutória* vem de fora, devido às exigências crescentes de prestação de contas e de controle burocrático do trabalho dos professores. Diante dessas cobranças, os docentes muitas vezes se refugiam nas rotinas didáticas mais bem estabelecidas, procurando cumprir formalmente as exigências que lhes são feitas, o que acaba inibindo as inovações no ensino. Em parte, é isso o que explica a aparente resistência dos professores às mudanças: diante de cobranças, por exemplo, para que os alunos sejam aprovados nos testes ou nos vestibulares, os professores mantêm-se apegados aos mesmos procedimentos e conteúdos.

Já a *culpa depressiva* surge de dentro para fora, quando os professores se sentem impotentes ou incapazes de cuidar, proteger ou atender seus alunos tanto quanto gostariam. Em muitos casos, isso se expressa por aquilo que tem sido chamado de mal-estar docente. Trata-se de uma situação em que os profissionais do ensino se sentem impotentes diante das crescentes exigências da profissão. A reação a isso aparece com sentimentos variados de desânimo e de culpa.

Vários estudos têm mostrado, em diversos países, o aparecimento de uma verdadeira doença profissional, que é conhecida como síndrome da desistência ou *burnout*.[8] Trata-se de um conjunto de sintomas que afetam principalmente os trabalhadores ligados às chamadas *caring professions*, isto é, aquelas que se dedicam a atividades em que o cuidado com os outros é a característica principal: enfermeiras, médicos plantonistas ou professores, especialmente os do ensino elementar.

É como se esses profissionais, ao serem pressionados pelas exigências do seu trabalho para cuidar cada vez mais dos seus pacientes ou alunos, simplesmente deixassem de se importar. A partir desse momento, eles se desligam emocionalmente do trabalho e passam a agir de modo quase automático, como se desistissem do próprio trabalho.

Como os estudos têm mostrado, uma das principais razões dessa síndrome pode estar ligada ao fato de esses trabalhadores terem investido num tipo de imagem profissional que aposta demais nas qualidades pessoais do carinho, da atenção e da dedicação pessoal, mas muito pouco no desenvolvimento das competências e dos saberes técnicos necessários para o exercício da profissão.

Grande parte dessas incertezas vem da *natureza aberta do ensino*. Trata-se de um trabalho que jamais acaba nem se esgota:

sempre há mais a fazer, mais a ensinar, mais a cuidar. E, como não há consenso sobre quais seriam as bases de conhecimento e os padrões de exigência técnica da profissão docente, fica difícil avaliar o sucesso. Isso resulta no alto grau de incerteza dos professores sobre os verdadeiros resultados do seu trabalho: "O que conseguimos, de fato, ensinar?" ou "O que os alunos conseguiram, de fato, aprender?".

Esse desconforto tende, em algumas situações, a ser interpretado como uma *crise da educação*. É como se no passado todos fôssemos felizes, soubéssemos bem o que queríamos ensinar e tivéssemos certeza da importância daquilo que todos poderiam aprender na escola. Mas, de um momento para o outro, por essa ou aquela razão, todo aquele projeto educativo que parecia perfeito teria se deteriorado, ou pelo desinteresse dos alunos, ou pela concorrência da escola com veículos de informação mais dinâmicos, ou por uma degeneração dos valores morais e éticos da sociedade, entre outras razões que costumam ser alegadas.

No entanto, o que precisa ficar claro é que não se trata de uma crise momentânea, cuja solução seria possível mediante as ações de *regeneração* do que está deteriorado e de *restauração* ou *resgate* de práticas desse passado idealizado. Essas palavras aparecem hoje como verdadeiras soluções mágicas para tudo, em especial no campo da educação. Porém, para regenerar, restaurar ou resgatar as antigas práticas educacionais seria necessário admitir que esse passado fosse de fato positivo e maravilhoso. Será que somos mesmo capazes disso?

Antes dos anos 1970, a escola pública no Brasil abrigava uma minoria das crianças e jovens em idade escolar, principalmente das classes médias. Com a expansão das vagas, ela se abriu para grandes parcelas da população mais pobre e, com isso, apareceram críticas sobre uma suposta perda de qualidade do ensino. Era como se a entrada dos menos favorecidos tivesse imediatamente piorado os resultados do ensino que a escola pública fornecia.

Setores da classe média começaram a preferir matricular seus filhos em escolas particulares, que supostamente ofereceriam ensino melhor. A escola pública acabou ficando reservada quase que somente para os mais pobres, e as políticas públicas do setor, durante muito tempo, ocuparam-se quase que exclusivamente da construção de escolas para atender à demanda por mais vagas.

Não se pode, no entanto, associar a universalização da escola no Brasil a uma perda de qualidade. Acontece que a entrada de contingentes expressivos da população provocou uma transformação na escola pública. Não se trata mais da mesma escola e, nesse sentido, não nos cabe compará-la com o modelo anterior, que atendia a poucas pessoas. Com esse processo de expansão acelerada, atingiu-se, afinal, no país, uma situação que permite falar, de fato, em escolarização de massas e em universalização do ensino, pelo menos no nível fundamental.

A população escolar mudou. Mudaram os alunos e mudaram os professores, que também passaram a ser recrutados, em grande medida, nas classes populares. Mudaram os procedimentos administrativos, os quais tiveram que passar a lidar com redes estaduais e municipais de ensino que, em diversos casos, têm dimensões maiores do que redes nacionais de diversos países europeus, por exemplo.

Portanto, adotar uma postura nostálgica, que imagina um passado feliz e pleno de realizações no campo escolar, significa não entender as transformações que ocorreram nos últimos 30 anos no país. Temos hoje uma escola *diferente* e temos que lidar com ela, começando por entender suas características próprias e suas potencialidades.

Para as professoras e professores que trabalham nessas escolas, hoje, ou para aqueles que estão se formando para assumir essa profissão, trata-se de perceber as situações concretas que são vividas no cotidiano da escola pública brasileira e procurar encontrar, junto com seus pares, com os alunos, com os pais e com os administradores escolares soluções para os problemas que não apelem para a ideia de crise nem pela tentativa de resgate das práticas do passado. Esse passado idealizado tem pouco, de fato, para nos ensinar, embora conhecer a história da construção da escola de massas no Brasil e no mundo continue sendo importante para melhor nos orientarmos diante dos desafios do presente.

Além disso, não é apenas a escola que tem passado por mudanças. O que vem acontecendo é uma transformação radical da sociedade como um todo e também, como consequência, da escola, do ensino e da profissão de professor. Acontece que nós estamos no meio dessa transformação e não podemos ter certeza sobre o que vai acontecer em seguida.

Muito do que sabíamos e do que já constituímos como certezas no campo da educação não nos servirá mais, enquanto alguns pontos já estabelecidos ainda poderão nos orientar, hoje e no futuro.

O QUE SABEM OS PROFESSORES

Para Michel Tardif, a profissão docente mobiliza e requer, na sua formação e na sua efetivação cotidiana, um conjunto bastante vasto de saberes, que ele classifica em quatro tipos: saberes profissionais ou *pedagógicos*, saberes *disciplinares*, saberes *curriculares* e saberes *experienciais*.[9]

Os saberes disciplinares e curriculares são apresentados aos professores antes ou fora da prática docente, nos cursos de formação inicial ou mediante as práticas da administração escolar e, assim, não são nem decididos nem produzidos pelos professores. Do mesmo modo, os saberes profissionais específicos, isto é, aqueles que fornecem os quadros gerais que orientam a transmissão dos saberes escolares, são fornecidos aos professores nos cursos de formação inicial, sob a forma de saberes pedagógicos.

Dessa maneira, de acordo com Tardif, os docentes estabelecem uma relação alienada com os conhecimentos profissionais que fornecem as bases da sua profissão. Por isso mesmo, os professores e as professoras das escolas são pensados e tratados pela administração dos sistemas escolares como meros executores ou técnicos, e muitas vezes acabam se comportando mesmo dessa maneira.

A transformação da Pedagogia num conjunto de proposições científicas e tecnológicas, largamente apoiadas nos saberes psicológicos e psicopedagógicos, acabou separando ainda mais os formadores de professores da prática docente. A Pedagogia passou a se encarregar de fornecer modelos de intervenção técnica, metodológica e profissional que, muitas vezes, parecem muito distantes das práticas de ensino que são desenvolvidas pelos docentes das escolas.

Além disso, a prevalência, desde a primeira metade do século passado, das concepções didáticas que situam o centro do ato pedagógico no educando acabou contribuindo, talvez involuntariamente, para a maior desvalorização dos saberes específicos dos professores. Estes, então, precisaram se concentrar muito mais no aprendizado de técnicas de melhoria da relação professor–aluno do que na discussão e aquisição de saberes que lhes ajudassem a ensinar melhor os conteúdos escolares.

Com a crescente perda de confiança dos diferentes grupos sociais na adequação dos saberes escolares às necessidades do mercado de trabalho, a instituição escolar e, consequentemente, os seus principais agentes – os professores – acabaram perdendo prestígio.

Diante desse quadro tão complexo, os professores tendem a se apegar aos saberes provenientes da sua experiência, na medida em que são os únicos que eles podem controlar. Esse conjunto de saberes experienciais é que vai constituir a *cultura docente* num determinado momento e ser usado como parâmetro para os professores poderem avaliar a sua formação, as reformas pedagógicas propostas e os próprios modelos a respeito do que é ser um bom profissional do ensino.

Essa cultura docente vai acabar se expressando em certos *habitus*, isto é, em certas disposições, adquiridas durante e mediante a prática de ensinar, que se transformam em estilos de ensino, em expedientes para resolver problemas encontrados no dia a dia e em modos de ser e de fazer pessoais e profissionais que se reproduzem e se validam no cotidiano da sala de aula.

É mediante esses saberes da experiência que os docentes passam a julgar e orientar as suas relações com os outros professores e com os alunos, as suas obrigações e normas no trabalho e a sua compreensão mais ampla da escola e do seu papel. Por meio dessa espécie de filtro, os professores estabelecem uma distinção crítica entre os saberes da experiência e os saberes adquiridos durante a formação, o que talvez explique, pelo menos em parte, a sensação ou afirmação repetida de que não se aprende a ensinar com as teorias.

A aprendizagem desses saberes da experiência, de acordo com Tardif, se dá mediante uma aprendizagem mais ou menos rápida, logo nos anos iniciais da carreira docente. Embora adquiridos com o auxílio das experiências cotidianas vividas individualmente, caso a caso, por cada um dos professores, esses saberes se tornam mais objetivos na medida em que são confrontados com as experiências coletivas dos demais colegas.

A transmissão desse saber coletivo acontece com base em uma partilha cotidiana e informal, em que se trocam experiências, soluções de problemas específicos, materiais didáticos, modos de organizar as aulas e de resolver as exigências burocráticas, informações diversas sobre os alunos etc. Do mesmo modo, ela também acontece em situações mais formais, como nas reuniões pedagógicas ou nos encontros de professores.

Os cursos de formação docente, na maior parte dos casos, não levam em conta a importância desses saberes provenientes da experiência e, quando chegam a tratar deles, tendem a vê-los como irrelevantes ou mesmo como prejudiciais para a constituição de boas práticas pedagógicas. É frequente nos meios acadêmicos pensar ou descrever os professores e professoras como profissionais resistentes à mudança, que desvalorizam os saberes teóricos e a reflexão mais sistemática.

Esses saberes da experiência, em grande medida, acabam servindo como fundamento da constituição da identidade profissional dos professores. Não se trata assim de imaginar que eles possam ser "ensinados" nos cursos de Pedagogia ou nas diversas licenciaturas, já que eles não se expressam como um conjunto de proposições sistemáticas ou teóricas. Em diversas dimensões e por muitas e boas razões, a profissão docente se constitui também, e, talvez, principalmente, mediante as práticas pedagógicas concretas, que incluem as atividades da sala de aula, bem como as da sala dos professores, as das reuniões pedagógicas e tudo o mais.

No entanto, é possível imaginar que os cursos de formação possam tomar essas experiências concretas e esses saberes como temas de exame e de discussão, de maneira a não continuar reproduzindo essa distância entre a Pedagogia ou a Didática e as experiências docentes.

O PROFISSIONAL DOCENTE

Os estudos sobre a profissão docente, durante muito tempo, dedicaram pouca atenção às histórias de vida dos professores. Nesses estudos, pouco aparecia a voz desses profissionais.

Nos últimos anos, esse quadro vem sendo modificado e têm surgido estudos que procuram trazer os docentes para o centro da investigação educacional. No entanto, como destaca o estudioso inglês Ivor Goodson, a preferência tem recaído sobre as práticas profissionais e ainda pouco se sabe sobre as vidas dos professores.[10] Para esse autor, é necessário, para melhor compreender o profissional, examinar a dimensão pessoal e se deter, portanto, sobre as histórias de vida das professoras e dos professores, para melhor situar as suas ações profissionais.

Em geral, os docentes, quando se dispõem a interpretar as suas práticas e as suas linhas de conduta no exercício da profissão, tendem a se referir a diversos elementos relativos às suas experiências de vida e ao ambiente sociocultural em que elas se desenvolveram. Assim, por exemplo, é bastante comum que esses profissionais se refiram à influência de um ou mais professores para a sua escolha profissional. Outro elemento presente nos depoimentos costuma ser o impacto do estilo de vida pessoal e do ambiente sociocultural fora da escola sobre as práticas educativas. O ciclo de vida e o contexto dos estágios diferentes da carreira, além de alguns incidentes críticos durante a existência, também parecem influir bastante sobre as maneiras como os professores lidam com o seu trabalho e o interpretam.

Além dos elementos relativos à vida pessoal, também parece ser significativo ouvir os professores a respeito dos modos como eles se relacionam com a carreira docente. Diversos estudos têm mostrado que as percepções dos docentes sobre a sua atuação e a sua própria autoimagem variam de acordo com os diferentes momentos da carreira profissional.

Michel Huberman identifica algumas tendências no desenvolvimento das carreiras profissionais docentes, que se apresentam como processos que se organizam em etapas mais ou menos regulares e não mediante acontecimentos dispersos ao acaso.[11]

Esse autor identifica as seguintes fases mais ou menos gerais na carreira docente:

- *Entrada na carreira*: fase inicial, em que se procura, em primeiro lugar, a sobrevivência na profissão diante do primeiro choque de realidade. Ao mesmo tempo, costuma ser marcada por um entusiasmo inicial, de descoberta e experimentação;
- *Estabilização*: o profissional começa a se perceber e a ser percebido pelos outros como professor. Normalmente, vem acompanhada de um sentimento de competência pedagógica e costuma ocupar um período de cerca de 8 a 10 anos;
- *Diversificação*: nessa fase, os percursos pessoais são mais divergentes. Nela costuma acontecer maior experimentação didática e maior motivação para mudanças, acompanhadas de maior ambição pessoal em relação à carreira;
- *Questionamento*: normalmente coincide com o meio da carreira e é vivido como uma sensação de rotina que costuma resultar em crise pessoal e profissional. Nem todos os profissionais passam por essa fase e, curiosamente, os estudos assinalam que ela é mais frequente entre os homens;
- *Serenidade*: expressa uma atitude mais tolerante do profissional diante das dificuldades e dos problemas enfrentados. Coincide com um decréscimo da ambição e do investimento profissional e, quase sempre, com maior distanciamento afetivo pelos alunos, os quais, em termos de faixa etária, se tornam, de fato, menos próximos. Dependendo do modo como essa fase se desenvolve, ela pode desembocar numa das duas fases seguintes:

  a. *Conservadorismo e lamentações*: nesse desfecho de carreira, o profissional se apega com exagero a práticas rotineiras e costuma avaliar a sua trajetória como bastante insatisfatória em termos de recompensa ou de resultados;

  b. *Desinvestimento*: vivido como uma espécie de continuidade da fase anterior (serenidade), resulta num final de carreira em que o profissional tende a apresentar representações positivas acerca da sua trajetória.

O que determina essa sequência de fases não é exatamente ou apenas a idade cronológica, mas elas são afetadas fortemente pelas expectativas sociais sobre determinado indivíduo ou pelas circunstâncias particulares da organização do trabalho desta ou daquela escola. As fases são variáveis de acordo com cada pessoa e não são vividas homogeneamente e nem na mesma sequência por todos os indivíduos. Nesse sentido, de acordo com Huberman, trata-se mais de considerá-las como tendências gerais do que como fases inevitáveis.

Como o tipo de estudo sugerido por Huberman precisa se apoiar em grande medida sobre depoimentos autobiográficos dos professores, é preciso levar em conta que a recordação do passado resulta de uma tentativa de pôr ordem em acontecimentos que não foram vividos exatamente da maneira como eles acabam sendo contados. Uma narrativa autobiográfica é, pois, em grande medida, uma reinterpretação individual de um conjunto de memórias e de acontecimentos.

Apesar de ser necessário levar em conta essas restrições, os relatos autobiográficos vêm se constituindo como uma importante fonte de construção da história da profissão docente, bem como de afirmação da identidade profissional e pessoal de diversos professores e professoras. No Brasil, trabalhos desse tipo têm sido desenvolvidos em diversos cursos, tanto na formação inicial quanto na formação continuada.[12]

Uma das marcas mais visíveis na profissão docente e que se expressa, por vezes, como uma espécie de diminuição do seu valor, localiza-se no fato de que ela se tornou, já há muito tempo, uma carreira exercida predominantemente por mulheres. Diversas interpretações têm sido formuladas a respeito desse fenômeno, que se tornou conhecido como *feminização do magistério*.

Muitas dessas interpretações acabam se valendo de uma lógica explicativa circular que não dá conta de esclarecer suficientemente o problema. Por meio desse tipo de raciocínio, a docência teria se desvalorizado por ter sido ocupada principalmente por mulheres, ou, como se tratava de uma profissão mal remunerada desde sempre, ela não traria atrativos suficientes para os homens, investidos das funções de chefe de família e de provedor da casa na sociedade machista.

Alguns estudos têm mostrado que a entrada das mulheres na profissão docente acabou sendo justificada por argumentos que se valiam da associação entre o magistério e a maternidade, ambas funções ligadas ao cuidado das crianças e, portanto, podendo ser associadas por meio de atributos ditos femininos, como o amor, a entrega e a doação. Com o tempo, "atributos ditos *femininos* vão se ligar ao caráter sacerdotal da docência e ajudarão a construir a representação da mestra: dedicada, modelo de virtudes, desapegada dos interesses egoístas, vigilantes etc".[13]

Predominantemente feminina, mas também exercida por um grande número de pessoas do gênero masculino, a profissão docente é objeto de muitos discursos, muitos estudos e muitos investimentos de ordem política, sindical, pessoal, econômica etc. Professora ou professor, trata-se de uma profissão que exerce um papel social muito relevante, embora isso quase nunca se expresse, pelo menos no Brasil, em termos de remuneração adequada e de *status* atribuído à profissão. Curiosamente, no entanto, ela continua atraindo a atenção de inúmeros jovens que ainda a escolhem como carreira a seguir. Entender que tipos de pessoas são essas que, como nós, acabam aderindo a esse ofício e assumindo os seus compromissos parece ser uma das etapas necessárias para poder exercê-lo com mais competência.

É preciso ir além dos *slogans* que têm insistido na ideia do professor reflexivo para instaurar efetivamente um processo em que os diversos profissionais da área, tanto individual quanto coletivamente, possam instaurar processos de discussão e de reflexão a respeito dos diversos aspectos que dão os contornos atuais dessa profissão. Esses processos podem e devem se instaurar o mais cedo possível, de preferência nos próprios cursos de formação inicial, embora se possa admitir que grande parte do que se precisa saber para o exercício da docência só será de fato elaborado durante o próprio exercício profissional.

ATIVIDADES PROPOSTAS

1) Elabore um relato sobre os professores marcantes que você teve durante a sua vida escolar. Depois de escrever um texto individual, apresente-o à classe e procure discutir coletivamente: quais os pontos em comum e quais as diferenças mais marcantes entre os professores escolhidos? O que será que produz um "bom professor"?

2) Encontre descrições de professores em obras literárias, revistas etc. e as traga para discussão.

3) Um trabalho interessante poderá ser o de realizar entrevistas com professores, para que eles falem principalmente sobre como eles escolheram a profissão. A sua professora ou o seu professor de Didática poderá orientá-lo sobre outros pontos interessantes que poderiam ser explorados nessas entrevistas.

4) Analise os seguintes textos, procurando estabelecer as diversas imagens ou representações que são formuladas a respeito da função e do papel do professor. Discuta com os seus colegas essas imagens. Em que medida elas, de fato, correspondem aos professores reais que vocês conhecem? O que elas indicam a respeito da profissão docente? Por que será que a linguagem que normalmente se usa para falar do professor se vale de metáforas e *slogans*?

A função mais importante do professor é gerenciar sonhos. Mas nesse mister a amplitude da tarefa é maior que isso: instigar obreiros, fazedores; estimular a inspiração que leva ao domínio do sonhar e do realizar. Iniciativas em torno desse conceito é que constituem os elementos essenciais para o aprendizado e que levam a criança e o jovem a aprender a ser, a conviver, a conhecer, a fazer. São atitudes que permeiam todas as tradicionais disciplinas, porque o aluno não pode ser um repetidor de fórmulas decoradas. Tem de ser um cidadão, um humanista.

Por isso o ato de ensinar requer um grande respeito pelos jovens, pelos seus desejos e pelas suas expectativas. Até porque essas crianças e adolescentes não são nossos filhos, como pontificou o grande poeta Khalil Gibran, mas são "os filhos e as filhas da ânsia da vida por si mesma". Para concretizar essa compreensão do universo do magistério, os professores têm, pelo seu lado, a vocação e a dedicação, e pelo lado da instituição estadual, o apoio que merecem para ser os viabilizadores da vivência ensino/aprendizagem.

[...] Com certeza toda a comunidade está agradecendo aos professores pelo respeito e pela dedicação que seus filhos recebem e cujos frutos serão colhidos ao longo de toda a vida.

A vocês, queridos professores, mestres na arte de amar, regentes de orquestras em busca de afinação, condutores de sonhos, está endereçada esta mensagem. Vocês são os realizadores. Merecem, portanto, todo o nosso carinho neste dia em que o milagre do aprendizado resplandece nas milhares de salas de aula, como em cada manhã.

(CHALITA, G. Mensagem a quem professa o magistério. *Folha de S.Paulo*, 15 out. 2005, p. 3.)

Guido de Almeida realizou uma pesquisa em que selecionou trechos de redações escritas por professores de Minas Gerais num concurso de ingresso na carreira. O trecho seguinte representa uma espécie de texto-síntese que o autor elaborou com as frases e ideias mais frequentes nas redações que ele analisou:

O educador e sua missão de educar

Educar, missão árdua, porém sublime. Que maravilha dizer: sou educador! Quanta grandeza encerra essa palavra! O educador não é um mero transmissor de conhecimentos, mas aquele que mostra o caminho da sabedoria e da verdade. Educar é desenvolver todas as potencialidades de cada um, respeitando sua liberdade individual.

Antigamente, o professor era um ditador que jogava os conhecimentos sobre o aluno. Só o professor falava. Só ele sabia. O aluno era um receptáculo passivo. Hoje, a missão do professor é muito mais abrangente. Não basta dar conhecimentos. O professor deve ser um amigo que caminha lado a lado, de mãos dadas com o educando. O professor deve descer do seu pedestal, dar a mão ao aluno, e galgar, com ele, os degraus da sabedoria e da verdade.

Educar é uma missão, não uma profissão. O professor é o pastor que conduz seu rebanho, essa juventude sedenta de saber e carinho, mas corrompida pelo tóxico. Neste mundo tão conturbado, invadido pela tecnologia, o professor é responsável pela felicidade de cada um e pelo progresso da nação. A missão do professor é tarefa árdua, mas com carinho, amor e compreensão, tudo estará resolvido. O professor deve doar sua vida, entregar-se de corpo e alma à sua nobre missão, sem esperar recompensas, com estoicismo e abnegação.

O educador deve mirar-se no exemplo de Cristo, o educador maior, e o aluno deve ver no professor seu modelo, seu ídolo, seu herói. O professor deve amar seus alunos como a seus próprios filhos. Da juventude de hoje, depende o Brasil de amanhã. Lembre-se, mestre, o aluno precisa mais de seu amor do que de sua sabedoria!

Ninguém ensina nada a ninguém. O professor é apenas um facilitador da aprendizagem. Num relacionamento de amor e carinho, a aprendizagem acontece naturalmente. O educador educa mais com o sorriso do que com o livro. Assim, podemos concluir que o mestre não vos convidará a entrar na mansão de seu saber, mas vos conduzirá ao limiar de vossa própria mente. Educar é, antes de tudo, Amar.

(ALMEIDA, G. de. *O professor que não ensina*. 3. ed. São Paulo: Summus, 1986, pp. 123-4.)

Notas

[1] Consultar o capítulo "O pensamento didático: alguns autores e suas ideias" para mais informações sobre esse autor.

[2] A. Nóvoa, 1992, p. 17.

[3] Idem, p. 16.

[4] M. Lawn, 2001.

[5] Idem, p. 128.

[6] Idem, ibidem.

[7] A. Hargreaves, 1998, p. 160.

[8] Para o caso do Brasil, há um estudo muito amplo, realizado com 52 mil professores de todo o país, que mostrou que cerca de metade dos educadores sofrem de algum sintoma de *burnout* (cf. W. Codo, 1999).

[9] M. Tardif, 2002.

[10] I. Goodson, 1992.

[11] M. Huberman, 1992.

[12] Exemplos desse tipo de iniciativa têm sido desenvolvidos por um grupo de profissionais da Faculdade de Educação da Universidade de São Paulo, sob coordenação de Denice Catani e Cynthia Pereira de Sousa (cf. D. Catani et al., 1997).

[13] G. L. Louro, 1997, p. 79.

Os alunos: agentes ou pacientes?

Nos últimos cem anos, desde os primeiros educadores escolanovistas, a Pedagogia tem insistido na ideia de que o aluno deve ser o centro do processo de ensino e aprendizagem. E que apenas mediante a participação e o engajamento ativos do aluno nesse processo é que ele pode ser bem-sucedido.

Essa representação dos alunos como agentes engajados e conscientes, no entanto, depara-se com a amplitude das tarefas e dos problemas envolvidos no ensinar e no aprender. Nas situações vividas cotidianamente nas escolas, em cada classe, em cada aula, em cada atividade realizada, são múltiplas as formas de aceitação, de resistência ou de indiferença ao ensino, manifestadas de distintas maneiras pelos diferentes alunos.

Para melhor compreender essa complexidade dos problemas, pode ser proveitoso examinar como se constituiu historicamente a noção de aluno e como ela vem sendo alterada significativamente nos últimos tempos.

A escola modifica a infância

Se o professor constitui a sua identidade, tanto a profissional quanto a pessoal, com base na sua relação com a escola, o mesmo acontece com a criança e o jovem na sociedade moderna. A experiência mais duradoura e mais comunitária, por assim dizer, que tem marcado a vida de quase todos nos tempos recentes é a da passagem e da vivência coletiva na escola.

Isso pode ser percebido com bastante clareza quando selecionamos nas obras literárias aquelas que se ocupam de expor as memórias de autores e autoras. Percebe-se, em grande parte delas, que as referências ao período da infância costumam ser fortemente marcadas pelas lembranças dos tempos de escola.

Por causa dessa íntima associação entre infância e escola, fica difícil para qualquer um separar a sua identidade pessoal da sua própria imagem e memória do tempo vivido no período escolar. Até mesmo em coisas muito simples nós percebemos isto: por exemplo, quando somos muito jovens e nos pedem para preencher um formulário que exige o item "profissão", costumamos indicar "estudante". Ser *criança* e ser *jovem* é, em larga medida, ser *estudante*, ser *aluno*.

Como já foi indicado, essa é uma situação que se começou a criar na história do Ocidente por volta do século xv e que alcançou maior extensão e pleno desenvolvimento em quase todo o mundo num processo que se acelerou a partir da metade do século xix. Durante todo esse período, constituiu-se a noção da infância como uma era particular da vida humana, durante a qual seria necessário proteger as crianças dos perigos e agruras da vida adulta. Assim, desenvolveram-se progressivamente os modelos da família nuclear (composta apenas pelo casal e pelos filhos) e do amor pelos filhos, bem como a ideia da escola como um lugar privilegiado e protegido para abrigar as crianças durante toda a infância.

Aos poucos, portanto, consolidou-se a identificação entre infância (e depois juventude) e escolarização.

> Assim, a infância é uma criação da sociedade sujeita a mudar sempre que surgem transformações sociais mais amplas. O apogeu da infância tradicional durou aproximadamente de 1850 a 1950. Durante este período, protegidas dos perigos do mundo adulto, as crianças foram retiradas das fábricas e colocadas em escolas. À medida que o protótipo da família moderna se desenvolveu no final do século xix, o comportamento apropriado dos pais para com os filhos se consolidou em torno de noções

de carinho e responsabilidade do adulto para com o bem-estar das crianças.[1]

Como parte dessa responsabilidade, os adultos assumiram algumas obrigações em relação às crianças e aos jovens. Como pais e mães, foram obrigados a mandar os filhos para a escola. Como cidadãos e dirigentes políticos, obrigaram-se a construir escolas e providenciar recursos financeiros, meios materiais e pessoal capacitado para oferecer a instrução a ser ministrada nessa escola obrigatória, agora pensada como uma necessidade e, aos poucos, como um direito social básico. A infância e a juventude passaram a ser levadas em conta nos cálculos políticos e econômicos utilizados pelos Estados nacionais. E, nesses cálculos, crianças e jovens começaram a contar, em primeiro lugar, como alunos.

Ao mesmo tempo, a escola passou a funcionar, do ponto de vista do Estado, como um lugar estratégico para implantação de diversas políticas públicas: já que nelas as crianças estão presentes, torna-se mais fácil chegar até elas e até as suas famílias por meio de ações sociais e de assistência que utilizem as diversas estruturas físicas e administrativas das escolas. Assim, as grandes campanhas de vacinação pública contra a poliomielite e a varíola nos anos 1960 e 1970, por exemplo, realizavam-se preferencialmente nas escolas, pelo menos nas cidades em que não havia redes suficientemente amplas de postos de saúde. Ali também se desenvolveram, desde a fundação das primeiras escolas públicas, campanhas de saúde pública que cuidavam de ensinar e divulgar hábitos de higiene, não só diretamente para as crianças mas também com a pretensão de que esses hábitos se disseminassem por toda a sociedade.

Mais recentemente, a escola passou a funcionar como veículo de diversas políticas públicas de suplementação alimentar, complementação de renda, distribuição de benefícios sociais os mais diversos etc. Não se trata exatamente de desvio das funções originais, porque a escola pública obrigatória foi projetada já com esse propósito de agência, ao mesmo tempo, de instrução, educação e moralização dos hábitos e costumes sociais. O acréscimo recente de funções veio apenas completar esse projeto inicial.

Com a criação da escola de massas, obrigatória, passa a haver uma identificação entre ser criança ou jovem e ser aluno. Essa é uma situação que dura um período relativamente longo. Para grande parte da Europa e para a América anglo-saxônica, ou mesmo para o Japão e alguns outros países, os historiadores costumam designar os anos 1850–1950 como o período de apogeu da concepção clássica de infância. No entanto, é possível perceber diversas mudanças nessa situação nos anos seguintes à Segunda Guerra Mundial.

Essas mudanças não podem ser entendidas separadamente das profundas transformações sociais e econômicas provocadas pela expansão mundial das condições de vida centradas na urbanização e na indústria. Pela primeira vez na história da humanidade, a maior parte da população do planeta passou a viver em cidades, e a agricultura e a pecuária deixaram de ser as principais atividades econômicas. Ao mesmo tempo, em grande parte do planeta, as mulheres foram admitidas ou ingressaram no mercado de trabalho formal, o que as retirou do espaço doméstico durante parte do dia. Como isso não foi acompanhado de transformações substanciais na repartição das tarefas ligadas à reprodução, as mulheres se viram sobrecarregadas com o acúmulo de tarefas.

Nos setores sociais mais privilegiados e em parte das classes médias, as primeiras mudanças da condição feminina foram percebidas como uma melhoria e até mesmo se falou numa revolução feminina ou feminista. As mulheres passaram a se dedicar com mais intensidade à sua formação e às suas carreiras profissionais. Também passaram a adiar ou retardar o momento da procriação, na medida em que, para esses setores sociais, ter filhos passou a significar assumir diversas responsabilidades, muitas vezes percebidas como incompatíveis com o exercício da profissão. Ao mesmo tempo, se nas classes médias diminuiu o número de filhos por família, os pais passaram a investir cada vez mais na educação desses filhos, na medida em que se passou a pensar que somente o reforço nos padrões educativos poderia oferecer-lhes, no futuro, melhores oportunidades de ascensão social ou, pelo menos, a manutenção do *status* dos pais.

Nas classes populares, as mulheres também se tornaram trabalhadoras assalariadas e passaram a ocupar grande parte do seu tempo com as obrigações ligadas a esse trabalho. A convivência das mulheres desses setores populares com o acúmulo de tarefas produtivas e reprodutivas, na prática, sempre existiu. Mas as formas de trabalho por elas exercidas anteriormente se realizavam quase sempre no âmbito doméstico, o que lhes permitia cuidar, ao mesmo tempo, dos filhos. No entanto, com as condições do trabalho assalariado urbano, elas passaram a se deslocar pela cidade, muitas vezes por longas distâncias, o que acabava tomando grande parte do tempo. Nos países mais pobres, essa situação foi e ainda é ainda mais acentuada.

Mas mesmo nos países ricos, se voltarmos ao tempo da introdução e expansão da escola obrigatória, poderemos perceber diversos problemas que se criaram para as famílias e as crianças das classes populares. Nesses setores, as crianças quase sempre começavam, e em muitos casos ainda começam, a trabalhar com pouca idade. Isso se justificava devido a necessidades econômicas, mas também se ligava a padrões de socialização e a representações simbólicas que associavam o trabalho à boa formação do caráter.

O padrão da infância como idade da despreocupação e da ausência de responsabilidades apenas se podia concretizar nas classes mais abastadas. Mesmo nas classes médias, o ingresso das crianças ou jovens nas atividades produtivas sempre foi visto como importante mecanismo formativo e socializador, na medida em que se pensava que o trabalho poderia desenvolver os bons hábitos ligados às noções de esforço, dedicação, abnegação, sacrifício, sempre vistos como virtudes importantes para o futuro adulto e trabalhador.

Para essas classes médias, no entanto, manter para os seus filhos o padrão da infância desobrigada de tarefas acaba sendo assumido como forma de demonstração de *status* elevado e como mecanismo de acumulação, pelos filhos, de saberes e certificados que lhes permitissem, mais adiante, exercer profissões dotadas de prestígio social e econômico.

Pouco a pouco se foi abandonando a representação do trabalho como lugar adequado para a formação e a socialização das crianças. A escolarização obrigatória funciona, nesse sentido, como um mecanismo importante. Para a sua concretização, no entanto, foi necessário selecionar um determinado padrão de cuidado da infância – o das classes mais abastadas – como o único modo legítimo de tratar as crianças. Em todos os países que foram criando sistemas escolares, diversas medidas políticas, sociais e jurídicas foram tomadas para atrair as crianças para a escola, para mantê-las ali pelo maior tempo possível e mesmo para criminalizar as práticas alternativas que insistiam em permitir o ingresso precoce das crianças no mercado de trabalho.

Com isso, condena-se o trabalho infantil e se começa a perceber as crianças que perambulam nas ruas como potencialmente perigosas ou necessitadas de proteção. Essas crianças e suas famílias passam a ficar sujeitas a diversas penalidades previstas na legislação especializada. No caso do Brasil, como em diversos países pobres, no entanto, esse banimento das práticas tradicionais de cuidado das crianças não se combinou com a oferta de condições concretas para que as famílias pobres pudessem mantê-las afastadas das tarefas produtivas. O trabalho infantil ainda é uma realidade no país e as classes populares conseguiram encontrar formas alternativas de contornar as dificuldades da legislação. Diversas pesquisas feitas recentemente nas grandes cidades brasileiras têm mostrado, de um lado, o aumento do número de crianças nas ruas, exercendo tarefas destinadas à obtenção de renda monetária. De outro lado, as mesmas pesquisas também têm notado que, na grande maioria dos casos, essas crianças estão matriculadas e frequentam a escola, trabalhando no período alternado ao escolar.

Pode-se perceber, portanto, que embora a escolarização obrigatória tenha alterado diversos aspectos da infância ela não produziu resultados homogêneos que pudessem ser generalizados para todos os setores sociais. De um lado, temos os filhos das elites econômicas e de parte das classes médias, que ingressam tardiamente no mercado de trabalho e que ocupam o seu tempo com diversas atividades, muitas das quais ligadas em termos muito amplos à educação e formação. De outro, temos os filhos das classes populares que, embora frequentem hoje a escola, realizam no restante do dia diversas atividades econômicas mais ou menos informais.

O ideal do trabalho como princípio formador e socializador ainda continua tendo grande valor simbólico, e a própria legislação contempla isso quando estabelece a figura do aprendiz.

Tanto no caso das classes médias quanto no das classes populares, de qualquer maneira, as crianças e os jovens passaram a ficar muito mais tempo sozinhos ou pelo menos sem a vigilância direta dos pais. De um lado, a escola progressivamente passou a ocupar mais tempo das suas vidas, tanto pela ampliação da jornada escolar quanto pela extensão das exigências, que acontece seja pela intensificação dos exercícios e lições de casa, seja, em alguns casos, pela criação social da necessidade de oferecer atividades complementares ao currículo escolar: cursos de língua estrangeira, informática, esportes, atividades artísticas etc. Mesmo aqueles setores populares que não conseguem acesso a essa espécie de currículo complementar passam a percebê-lo como relevante, e surgem cada vez mais demandas para a ampliação da oferta desse tipo de atividades pelas escolas públicas. De outro lado, grande parte do tempo das crianças e dos jovens fora da escola – fora, portanto, da situação de alunos – passou a ser ocupada, nos últimos 50 anos, cada vez mais intensamente, pela cultura da mídia nas suas mais diversas manifestações: televisão, cinema, música, histórias em quadrinhos, jogos os mais diversos e, mais recentemente, todo o leque de atividades dependentes do computador, em particular a internet.

> A mudança na realidade econômica, associada ao acesso das crianças a informações sobre o mundo adulto, transformou drasticamente a infância. O "gênio" da infância tradicional saiu da garrafa e não consegue voltar. Textos recentes sobre o assunto, tanto na imprensa popular quanto na escolar, falam em "perda da infância", "crianças crescendo muito rápido" e "terror das crianças no isolamento dos lares e comunidades fragmentados".[2]

Escola e mídia

Alguns estudiosos do tema têm levantado a hipótese de que a grande força da cultura da mídia como instância de socialização da juventude, aliada às demais transformações na produção e na cultura contemporâneas, faz emergir uma geração inteiramente nova e radicalmente diferente das que a antecederam. Com isso, seria preciso reconhecer o aparecimento de um novo modelo de estudante, para quem a experiência da escolarização já deixou de ser a principal maneira de construção da sua identidade e das representações de criança e de jovem.

Progressivamente, o currículo, compreendido enquanto todo o conjunto de atividades e de experiências formadoras, tende a se desvincular da escola, passando esse papel a ser exercido predominantemente pelos conteúdos veiculados pela indústria cultural. Como as novas gerações estão se formando num momento em que se perdeu o sentido de continuidade entre passado, presente e futuro, ou seja, o próprio sentido da história, elas se ocupam apenas com o presente e, desse ponto de vista, o diálogo com as gerações anteriores (da qual provêm os próprios professores) torna-se, no mínimo, tenso.[3]

Essa situação explicaria, em alguma medida, a sensação de desconcerto atualmente vivida pelo professorado diante da emergência desse novo modelo de aluno e que se expressa por meio de uma questão repetida inúmeras vezes: *"Por que não conseguimos 'chegar' até os alunos?"*.

O apelo constantemente repetido pelos pedagogos e demais especialistas é o de que os professores precisam cuidar de "despertar o interesse dos alunos". Mas há várias complicações envolvidas numa formulação como essa. Primeiro, a suposição de que esse tal "interesse" é algo concreto, que pode ser localizado em algo bem determinado – alguma coisa, assunto, tema, problema etc.

Depois, essa formulação deixa de lado diversos problemas que derivam do fato de que a cultura contemporânea, calcada nos produtos da mídia, é essencialmente uma cultura do interesse, e que esse interesse é definido pela sua grande intensidade aliada à rapidez, à fugacidade e à inconstância. Na produção cultural contemporânea, seja nos produtos diretamente oferecidos para o consumo, seja no próprio aparato da publicidade que embala esses produtos, o que prevalece é a noção de que cada um precisa (e pode, e deve) satisfazer seus desejos e interesses da maneira mais completa e, também, mais rápida possível. O interesse, na situação cultural de hoje, é necessariamente associado a um fenômeno de moda, sendo rapidamente substituído por um interesse mais novo que acabou de surgir.

A escola, constituída num momento histórico e cultural anterior ao vivido na situação contemporânea, opera com outras perspectivas e com outra temporalidade. Trata-se de uma instituição voltada para garantir a continuidade entre as gerações e que aposta numa temporalidade relativamente lenta, já que o processo de ensino e aprendizagem se estrutura numa perspectiva de médio e longo prazo.

Nos inícios da escolarização moderna, Herbart insistia na necessidade de estruturar a matéria a ser ensinada em blocos distintos, ordenados logicamente e que pudessem compor uma unidade que ocupasse a duração de uma aula (em torno de 50 minutos, pouco mais, pouco menos). Como já vimos, as suas propostas acabaram resultando na elaboração de um método de ensino que procurou racionalizar o uso do tempo e tornar mais eficiente o trabalho do professor.

No entanto, hoje, as crianças são habituadas desde muito pequenas a um ritmo muito mais acelerado. O tempo da mídia é inteiramente ocupado pela ação, os instantes de pausa são sempre muito curtos e predomina a fragmentação. O exemplo mais evidente é o da TV, em que não há tempos vazios nem silêncios, sendo que a experiência mais radical nessa direção são os videoclipes. Esse mesmo ritmo fragmentado e totalmente ocupado com mensagens, sem pausas para descanso ou reflexão, espalha-se pela programação televisiva, bem como ocupa outros materiais como os games, o cinema, os quadrinhos e todo o restante dos produtos oferecidos às crianças e aos jovens.

Os 50 minutos de uma aula podem parecer excessivamente monótonos para quem foi programado desde muito cedo para se mover num outro ritmo e numa outra percepção de tempo. A escola continua operando com a temporalidade do momento anterior e, diante das dificuldades encontradas, tenta se adaptar ou seduzir os alunos, acenando com algumas modificações superficiais que tornem o currículo escolar mais "atraente" ou "interessante".

Do ponto de vista dos alunos, essas tentativas devem parecer bastante desastradas. Na sua luta contra o interesse efêmero, a escola procura cativar os jovens apelando justamente para as técnicas ligadas a esse mesmo tipo de interesse que prevalece na cultura da mídia. Desse modo, tende-se apenas a reforçar as resistências dos alunos a práticas vistas pelos professores como mais modernas e mais sintonizadas com a contemporaneidade, como o uso do vídeo ou do computador na sala de aula.

A CRIANÇA NA PEDAGOGIA

As respostas a esses desafios precisam ser buscadas noutro lugar. Ao tentar concorrer com a cultura da mídia, a escola corre o risco de tornar-se supérflua para as crianças e os jovens.

Para melhor entender os problemas envolvidos na proposição de soluções alternativas que (re)construam significados relevantes para a escola, convém examinar como a Pedagogia tem pensado e construído suas representações da criança e do aluno.

Ao contrário do que se poderia imaginar, a Pedagogia nunca procurou pensar a educação a partir da infância, mas, inversamente, sempre considerou a criança a partir da educação. Desse ponto de vista, a criança continua a ser tomada irredutivelmente como um *aluno*.[4]

Ao se deter sobre a criança, a Pedagogia a descreve e a caracteriza como um ser contraditório pela sua própria natureza. Assim ela é percebida, ao mesmo tempo, como inocente e má, perfeita e imperfeita, dependente e independente, herdeira das tradições e inovadora. Essa *naturalização da infância*, promovida pelo discurso pedagógico, tende a dissimular a relação da criança com o adulto e com a realidade social. Em si, a criança não seria nem fraca, nem inocente, nem má, nem qualquer dessas características que lhe costumam ser atribuídas. Ela não pode ser comparada com o adulto e precisa ser considerada em relação às normas e significações do que se define como *criança* num dado momento histórico.

Para Charlot, embora não se possa negar uma significação biológica da infância, é preciso levar em conta que ela é preenchida e marcada pelas diversas significações sociais que são atribuídas à ideia de infância ou de criança numa dada sociedade. Nesse sentido, torna-se necessário perceber que as maneiras como os adultos e toda a sociedade se comportam e se relacionam com a infância acabam fazendo parte da própria definição da criança:

> A imagem da criança é, portanto, a imagem elaborada por um adulto e por uma sociedade que se projetam na criança, de uma criança que procura se identificar com o modelo criado por essa projeção. Compreende-se bem, portanto, que essa imagem evolua historicamente.[5]

De acordo com Charlot, a ideia de infância é utilizada de maneira ideológica na sociedade moderna. Uma das maneiras de se efetivar essa ideologização se dá por meio da naturalização da autoridade do adulto sobre a criança: uma autoridade que se articula e se expressa no âmbito de uma dada estrutura de dependência social passa a ser compreendida como resultado de uma *dependência natural* da criança em relação ao adulto. Como decorrência dessa primeira consideração, essa autoridade também passa a ser pensada não apenas como natural mas também como legítima, já que representaria, no limite, a condição de liberdade futura da criança, na medida em que ela adquira domínio sobre si mesma.

No entanto, hoje se pode constatar que, de um lado, as próprias crianças também elaboram imagens sobre si mesmas, que concorrem com as imagens propostas pelos adultos; de outro lado, crianças e jovens contestam ativamente o caráter natural da sua dependência e procuram afirmar a sua autonomia diante do ideal da autodisciplina proposto pela Pedagogia.

Apesar de todas as evidências de que as crianças e os jovens aprendem sobre o mundo e interagem ativamente com ele antes mesmo de entrar na escola, tanto a instituição quanto os seus professores (e até os pais) continuam mantendo uma espécie de utopia voltada para o passado: o desejo de manter a escola como um lugar à parte do social, em que a criança possa permanecer totalmente protegida. Embora nunca tenha conseguido cumprir essa espécie de promessa ou de desejo, sempre houve a tendência de ver a escola como um espaço relativamente protegido e como abrigo das influências danosas do mundo exterior, abrigo governado pelos adultos e no qual as crianças podiam atuar de maneira mais ou menos livre e espontânea e ter preservada a sua inocência e pureza.

Se essa utopia nunca pôde de fato se cumprir, se as crianças nunca foram, no espaço escolar, totalmente inocentes, ingênuas, puras e abrigadas das influências do mundo exterior, na situação contemporânea isso se revela um objetivo ainda mais distante. Do ponto de vista das crianças pobres, a realidade das dificuldades materiais e do mundo do trabalho sempre impôs a elas uma dose de realismo e sempre lhes fez viver inevitavelmente misturadas com o mundo dos adultos. Já para as crianças das elites e das classes médias, o mundo adulto está presente hoje no cotidiano, seja via satélite, seja ao vivo, com as agruras da vida e da violência urbana.

A cultura contemporânea vem reconstruindo a infância e inventando a juventude como ideal de vida para todos. Todos querem ser jovens, todos precisam ser jovens. Mas a juventude real continua sendo uma etapa muito transitória e fugaz e se expressa num conjunto de experiências que se desenvolvem, em parte, no ambiente escolar, assim como a própria infância. Nesse momento em que a infância e a juventude ganham mais importância, diminui proporcionalmente o peso, a autoridade e o poder simbólico dos adultos sobre elas.

Escola e socialização:
a produção da criança e do aluno

A passagem pela escola foi, durante muito tempo, para a grande maioria das crianças, a principal e mais importante experiência de socialização. Com a progressiva diminuição da idade com que as crianças entram na escola ou em instituições a ela assemelhadas (as pré-escolas ou "escolinhas"), cada vez mais uma parte significativa dos primeiros aprendizados necessários para a vida na coletividade (chamados pelos sociólogos de "socialização primária") acabaram se transferindo para o ambiente escolar.

Outras instâncias sociais contribuem com grande força para a socialização das crianças na sociedade atual. As famílias ainda mantêm papel relevante, embora não se possa imaginar a existência de um único padrão familiar que se imponha por todos os setores da sociedade. A coexistência de diversos padrões anteriores, além do surgimento de um novo modelo marcado pela tendência à menor duração dos casamentos e à circulação dos filhos entre o lar materno e paterno depois das separações e da convivência com irmãos provenientes de distintos casamentos dos pais ou da mães, levam à necessidade de admitir que a sociedade contemporânea vem passando por sensíveis mudanças nos modelos de socialização produzidos pelas famílias.

Essas mudanças têm que ser levadas em conta por todos aqueles que trabalham na escola, em particular pelos professores, que não podem continuar reproduzindo modelos idealizados a respeito das famílias dos alunos. Certos estereótipos derivados desses modelos acabam fazendo parte do conjunto de representações imaginárias que os professores constroem sobre as crianças e os jovens e acabam sendo utilizados nos diagnósticos de problemas, na proposição de soluções e na adoção de determinadas propostas pedagógicas.

Se é possível e necessário admitir que existe hoje uma outra instância muito poderosa dessa socialização, a qual se constitui e opera no universo da cultura da mídia, a escola ainda continua tendo bastante peso, embora ele tenha que ser ponderado juntamente com esses outros espaços e instituições, a que não se pode deixar de acrescentar a própria família.

Uma das dimensões mais relevantes desse processo socializador da escola tem relação com o fato de que é nessa instituição que a maioria das crianças mantém contato com os seus "iguais", isto é, com outras crianças, da mesma idade ou de faixas etárias próximas.

Se em casa ou fora da escola as crianças estão subordinadas, em alguma medida, aos pais e a outros adultos, na escola a maioria delas se encontra com colegas de mesma idade e de condições físicas, emocionais e intelectuais muito mais próximas. A presença da professora ou professor institui, no espaço da classe e na duração da aula, uma certa mediação nessas relações entre iguais, que no entanto acabam se expressando de modo mais espontâneo, com maior ou menor autonomia, tanto no espaço do recreio, do pátio escolar e da quadra de esportes, quanto na própria classe, durante os intervalos, oficiais ou inventados pelos alunos, diante dos ritmos diferenciados de realização das tarefas escolares.

É nessa instância da socialização entre os iguais que se constituem e se afirmam aspectos importantes da construção da personalidade de cada uma das crianças. Ali se exercitam expectativas, desejos, projetos, planos, interações as mais diversas. Ali se experimentam dimensões afetivas importantes, constroem-se amizades e inimizades, afinidades e repulsas, exercitam-se formas de liderança, de autoridade e de reação contra essas mesmas lideranças e autoridades.

Mais adiante, na puberdade ou na adolescência, costuma ser entre colegas de escola que os jovens encontram os seus primeiros objetos de desejo sexual e de investimento amoroso, namoros, paixões, correspondidas ou não, ilusões, decepções, enfim, um conjunto de experiências sentimentais que termina por definir identidades e personalidades.

Do ponto de vista dos alunos, portanto, a escola possui uma *dimensão afetiva e relacional* que é percebida por eles, muitas vezes e em diversos momentos, como mais relevante e significativa do que aquilo que a escola formalmente se propõe a cumprir em termos do ensino e da aprendizagem de um conjunto de saberes propriamente escolares.

Essa dimensão não é, obviamente, ignorada pelos professores nem pelos administradores escolares. Só que ela costuma ser caracterizada, por vezes, como uma espécie de desvio de função ou como um obstáculo à aprendizagem. Desse modo, tende-se a organizar e propor um conjunto bastante amplo de procedimentos, regras, regulamentos, proibições, interdições, no sentido de dificultar ou mesmo de impedir a manifestação desse aspecto da função socializadora da escola, sob o pretexto de que as crianças e jovens devem ir para a instituição apenas ou principalmente para aprender.

Tratando-se do principal ou, por vezes, do único lugar em que crianças e jovens conseguem, durante um tempo considerável das suas vidas, estabelecer relações efetivas e mais ou menos igualitárias com os seus semelhantes, não há por que imaginar que eles possam ou desejem abrir mão dessa dimensão da vida escolar. Se a escola tem algum significado para os alunos contemporâneos, certamente o mais relevante para a maioria deles é o de ser esse espaço relacional e de investimentos afetivos.

Do ponto de vista da escola e dos professores, seria importante levar isso em consideração. Talvez as soluções para diversos problemas enfrentados hoje nas escolas, e que são entendidos como exclusivamente pedagógicos, pudessem ser mais claramente percebidas se fossem levados em consideração esses outros aspectos e se fosse aproveitado esse ímpeto ou essa vontade que move as crianças e os jovens para a escola, para além das obrigações impostas pelos pais e das cobranças dos demais adultos.

Certamente, não haverá soluções prontas para isso, assim como para a maioria das interrogações que cercam a atividade docente.

No entanto, compreender as diversas facetas da questão pode ser um ponto de partida mais satisfatório para encontrar respostas do que simplesmente aceitar as receitas usualmente empregadas.

Do ponto de vista do papel socializador da escola, ele não se esgota, evidentemente, na dimensão das relações entre iguais por ela possibilitadas. O trabalho propriamente escolar, posto pela instituição como componente essencial e objetivo primeiro da sua existência, vincula-se ao ensino de um conjunto de saberes para as crianças e os jovens, bem como de um conjunto de hábitos, procedimentos e valores.

Ser aluno implica estar envolvido na tarefa da aprendizagem desses saberes e desses hábitos, procedimentos e valores. Do ponto de vista do aluno, muitas vezes a aprendizagem dos conteúdos escolares pode aparecer como pura arbitrariedade, desencadeando reações por demais conhecidas dos professores, como as que se expressam na interrogação sobre a função e utilidade do que se aprende na escola.

Em alguma medida, portanto, com maior ou menor peso, sempre haverá na educação escolar uma certa dose de arbitrariedade e de imposição. A sociedade institui a escola como uma instância obrigatória de socialização das novas gerações e não vai consultá-las sobre a conveniência ou não de se manter o aparato escolar e a obrigatoriedade da sua frequência. Os professores são autorizados pela sociedade a exercer o seu trabalho e são vistos por ela como atores legítimos na imposição da violência simbólica, tal como é chamado na Sociologia.

Considerados sob esse ponto de vista, os alunos são os *pacientes*, isto é, aqueles que recebem a ação dessa violência simbólica, a qual é percebida pela sociedade como necessária e legítima.

Entre o indivíduo e o grupo: para quem se ensina?

Um determinado tipo de crítica que se generalizou em relação ao chamado ensino tradicional diz respeito à acusação que diz que nele os alunos acabam mantendo uma atenção e disciplina mais simulada do que real e que desenvolvem um grande arsenal de estratégias para se esquivarem das tarefas indicadas pelo professor.

No entanto, estudos recentes têm sugerido que tanto diante das atividades ditas tradicionais quanto das atividades propostas pelas didáticas mais renovadoras, as atitudes e estratégias dos alunos têm sido mais ou menos as mesmas. Diante das tarefas e trabalhos que lhes são sugeridos ou impostos, de acordo com Phillippe Perrenoud, os alunos acabam adotando estratégias que se combinam com base em cinco atitudes básicas:[6]

1. Diante da impossibilidade de resistir ou de escapar das imposições, alguns alunos decidem "*sofrer todos os tormentos*", isto é, fazer o que foi determinado, sem reclamar;
2. Outros decidem *desembaraçar-se rapidamente das tarefas*, de modo a sobrar tempo para fazer outras atividades vistas por eles como mais interessantes;
3. A alternativa a essa rapidez é a de *realizar as atividades muito lentamente*, procurando sempre ganhar tempo, o que permite, em alguma medida, escapar da tarefa;
4. Uma solução mais complicada é a de *declarar incompetência ou incompreensão* das instruções para não realizar a atividade, o que quase sempre resulta em mais instruções e, muitas vezes, mais facilidades para enfrentar o problema;
5. Por fim, há a estratégia mais arriscada, mas muitas vezes presente, que é a da *contestação aberta*.

Admitir a veracidade dessa descrição sugerida por Perrenoud traz a vantagem de fazer o professor perceber que, por mais que se procure embalar as tarefas da aprendizagem com os rótulos mais atraentes ou preenchê-las com conteúdos "interessantes" para os alunos, há uma dimensão do processo que sempre será percebida por eles como tendo algum grau de imposição ou de arbitrariedade. Eles continuam sendo alunos e as relações que estabelecem com a escola, com a aprendizagem e com os conteúdos escolares são muito variadas, não obedecendo a um padrão uniforme.[7]

Acontece que, muitas vezes, os professores deduzem uma espécie de hierarquia ou classificação dessas diferentes atitudes dos alunos diante das atividades escolares, diferenciando os "bons alunos" – aqueles que tudo aceitam ou que fazem tudo muito rápido – dos "maus alunos" – os que contestam, fazem tudo muito lentamente ou nunca entendem as instruções. Com isso, não se chega a perceber que aceitar tudo o que o professor impõe ou fazer as atividades mais rapidamente nem sempre é sinal seguro de envolvimento espontâneo com a tarefa ou de compreensão mais profunda do que se está ensinando ou aprendendo. Já o aluno que contesta, ou que retarda o início da atividade, ou que pede mais instruções pode, eventualmente, oferecer pistas mais seguras ao professor sobre como se está desenvolvendo o seu trabalho e o ensino.

O estabelecimento dessas hierarquias e classificações acaba, muitas vezes, por separar os alunos em "bons", "fracos" e "médios". A atenção tende a se concentrar nos extremos da escala, seja tomando os alunos "bons" como exemplos de excelência e parâmetros dos resultados que cada um dos indivíduos poderia obter, seja estigmatizando os "maus" como incapazes, preguiçosos, fadados ao fracasso. Os alunos vistos como "médios" tendem a receber pouca atenção, e isso, eventualmente, pode ter consequências significativas sobre a sua autoestima, sobre os seus resultados posteriores, sobre o prosseguimento dos seus estudos ou sobre a sua escolha da carreira profissional.

É importante perceber que essas classificações são sempre muito arbitrárias e tendem a consolidar imagens idealizadas dos alunos com base tanto em resultados realmente auferidos, como também com base em expectativas provenientes de fora da classe: informações de outros professores ou da coordenação pedagógica sobre o passado desses alunos, prognósticos sobre um determinado aluno com base nos resultados já obtidos por seus irmãos ou familiares mais velhos, precedentes de indisciplina ocorridos em escolas onde o aluno estudou anteriormente etc.

A influência (positiva ou negativa) das expectativas dos professores sobre os resultados da aprendizagem dos alunos já foi objeto de inúmeros estudos no campo da Psicologia e da Pedagogia, desde o experimento pioneiro desenvolvido na década de 1960, nos Estados Unidos, por Rosenthal e Jacobson.[8] Com base nesses estudos, concluiu-se que, de uma maneira ou de outra, é possível admitir que as expectativas dos professores sobre o rendimento deste ou daquele aluno terminam por ter alguma influência sobre esse mesmo rendimento, podendo se transformar naquilo que os autores do estudo original chamaram de *profecias autorrealizadoras.*

Isto é, diante da expectativa positiva sobre um determinado aluno, o professor pode, inconscientemente, estimular mais a sua participação, ser mais receptivo às suas intervenções, cobrar respostas mais precisas ou conceder mais tempo para que ele responda. No caso de expectativa negativa, o professor pode tender a ser mais tolerante com respostas imprecisas, conceder menos tempo e ser mais impaciente ou dedicar menos atenção ao aluno.

Diante desse complexo de circunstâncias que cercam e dão forma à atividade de ensinar, não se trata de transformar o professor ou a professora em culpados dos maus resultados dos seus alunos, mas trata-se de sugerir que cada um desses profissionais esteja minimamente atento ao múltiplos aspectos implicados no trabalho docente.

Nesse sentido, é preciso admitir que ensinar exige do docente atenção tanto às dimensões coletivas quanto às dimensões individuais da relação pedagógica. Ensina-se tanto ao indivíduo quanto ao grupo. Parte do sucesso que se pode obter no ensino depende de uma cuidadosa atenção dada a cada um dos indivíduos nele envolvidos. Trata-se de uma constatação difícil de admitir, pois os professores muitas vezes têm razões para se queixar do fato de lecionarem para muitos alunos, o que dificulta uma atenção mais particular a cada caso. No entanto, é necessário inventar meios de enfrentar essa exigência.

Por outro lado, também é possível tentar mobilizar as dimensões coletivas para auxiliar o ensino e a aprendizagem, na medida em que se ensina em situação de sala de aula onde se encontram presentes diversos indivíduos. É possível desenvolver procedimentos didáticos que propiciem uma partilha dos conhecimentos e das técnicas envolvidas na sua aquisição, de tal maneira que se estabeleçam dinâmicas de cooperação e formas de trabalho mais coletivas durante as aulas.

Não se deve idealizar nem tomar como "natural" o interesse dos alunos apenas porque eles parecem estar aplicados numa determinada tarefa, mas ao mesmo tempo é importante não desprezar como irrelevantes esses gestos; ao contrário, procurar generalizá-los para o maior número possível de indivíduos pode ajudar bastante.

Classificação dos alunos e fracasso escolar

Do ponto de vista dos criadores dos primeiros sistemas de escolarização de massas, um dos problemas que eles tiveram que enfrentar de início foi relativo ao modo de seleção e de repartição dos alunos pelas classes e pelas escolas, e da sua progressão pelas diferentes séries e graus de ensino. Na situação anterior, em que só se recrutavam poucas crianças e todas ou quase todas do mesmo grupo social, essas questões não chegavam a representar grandes problemas. No entanto, com o acesso ao sistema escolar de um número progressivamente maior de crianças, era preciso encontrar maneiras eficientes de organizar o ensino e de controlar a entrada e a saída dos indivíduos nesse sistema.

Na busca de fundamentos teóricos e ideológicos que pudessem oferecer algumas respostas e explicações, vai-se encontrar uma possibilidade interessante na noção de *aptidões naturais*, já bastante difundida no final do século XIX. Se fosse possível comprovar, como se imaginava na época, que os indivíduos diferiam em talentos, qualidades e capacidades devido a causas naturais e hereditárias, tanto melhor, já que isso poderia oferecer aos administradores do sistema escolar uma solução científica, racional e eficiente para os problemas que enfrentavam.

Para Noëlle Bisseret, a noção de que cada indivíduo traz em si, desde o seu nascimento ou até mesmo antes, algumas aptidões naturais tem cumprido um papel ideológico na sociedade capitalista.[9] De acordo com a autora, o uso dessa tese, que chega até o século XX por meio da psicologia diferencial e dos testes, serve para dissimular algumas desigualdades que têm origem social sob o argumento de que elas têm um fundamento biológico, hereditário, genético. Com base nessa concepção, alguns nasceriam mais bem dotados do que outros para a realização desta ou daquela atividade.

A ambição da psicologia diferencial, que começa a se constituir na segunda metade do século XIX, sob influência das teorias racistas da época, era a de resolver os conflitos sociais. Com a sondagem e descoberta das aptidões de cada um, seria possível atribuir a cada pessoa o seu lugar ideal na sociedade. Com isso, seriam resolvidos tanto os problemas gerais da sociedade, a qual passaria a funcionar com mais harmonia e eficiência, quanto os problemas individuais, já que cada pessoa poderia se dedicar às suas verdadeiras vocações, aumentando, assim, o seu grau de felicidade. A redescoberta da genética de Mendel nos primeiros anos do século xx viria acrescentar um suporte teórico à ideia de que as aptidões eram transmitidas hereditariamente.

Os psicólogos iriam se encarregar, nas décadas seguintes, de estabelecer mecanismos de medição da inteligência, de classificação das aptidões e, em termos mais ligados à educação, de ferramentas adequadas para a instituição de uma seleção escolar mais racional e científica. Isso se daria mediante a criação dos testes de inteligência. Destes, o mais bem-sucedido seria aquele desenvolvido pelo psicólogo francês Alfred Binet e que mais tarde, depois de algumas alterações, iria se transformar no chamado "teste de QI" (quociente de inteligência).

No final da primeira década do século xx, Binet recebeu uma solicitação do governo francês para que criasse no seu laboratório de psicologia experimental algum tipo de procedimento que pudesse identificar, no conjunto de crianças a serem matriculadas na escola primária, aquelas que certamente teriam um grau de dificuldade muito grande na aprendizagem, ou seja, os chamados "anormais" na linguagem da época. A intenção era a de que, se fosse possível identificar essas crianças, elas poderiam ser matriculadas em classes separadas para receberem um atendimento mais adequado às suas necessidades particulares.

Binet procurou criar um teste composto por um conjunto de quesitos que permitiriam identificar aquilo que ele denominou de "idade mental", que não coincidiria necessariamente com a chamada "idade cronológica". Seriam consideradas "anormais" aquelas crianças cujos resultados no teste expressassem uma idade mental muito baixa em relação à idade cronológica. Essas crianças poderiam, assim, receber atenção especial do sistema escolar francês.

Alfred Binet, em tudo que escreveu, sempre tomou muito cuidado para que os resultados das crianças nos testes não fossem considerados de maneira absoluta, como mecanismos para estabelecer hierarquias e para prever os resultados futuros dessas crianças, seja como alunos nas escolas, seja, futuramente, como trabalhadores ou cidadãos. Para ele, os testes eram apenas uma maneira racional e eficiente de promover uma primeira seleção e classificação das crianças, para que todas pudessem ser atendidas na escola da forma mais adequada possível.

Quando o seu teste foi adotado nos Estados Unidos, ele foi adaptado e transformado no chamado *QI*. Mediante a divisão da idade mental obtida no teste pela idade cronológica, obtinha-se um resultado que, multiplicado por cem, passava a compor um escore que, depois, era comparado a uma tabela de classificação dos indivíduos, entre algumas categorias de superdotados, normais e subdotados.

Os testes de *QI* se generalizaram nos Estados Unidos naquela época, devido a uma série de circunstâncias políticas e sociais ligadas ao contexto histórico que então se vivia. Esse contexto foi marcado pelos esforços empreendidos pelas elites e pelo Estado para organizar, administrar e disciplinar a população, que se ampliava de maneira intensa e desordenada, pelo crescimento econômico e pelo grande afluxo de imigrantes para o país.

Os testes começaram, então, a ser usados para recusar a entrada de imigrantes de determinadas origens geográficas ou étnicas ou para reforçar, com a chancela científica, os vários mecanismos institucionais ou informais de discriminação da população negra, descendente dos antigos escravos. Também foram utilizados para segregar indivíduos que, ao obterem resultados muito inferiores, passaram a ser compreendidos pela opinião pública como potencialmente perigosos. Agora parecia possível detectar cientificamente os futuros ladrões, delinquentes e assassinos ou até mesmo os indivíduos que se revelariam "inúteis" para o progresso da sociedade e que teriam que ser isolados do convívio com as pessoas ditas normais. Essa perspectiva não prevaleceu apenas nos Estados Unidos, tendo surgido nos mais diversos países.

Desse modo, um tipo de instrumento que originalmente fora elaborado para melhorar as maneiras de seleção e distribuição das crianças pelo sistema escolar passou a cumprir papéis políticos, ideológicos e sociais muito mais amplos. Da Psicologia e da Pedagogia, os testes "migraram" para o espaço da política. Mas em seguida eles retornaram ao universo escolar, desta vez, no entanto, já marcados por uma carga de significados que não possuíam inicialmente. Da mesma forma que no ambiente social e político mais amplo, os testes acabaram cumprindo, no ambiente escolar, um papel de instrumento de discriminação e, mais grave, de exclusão de pessoas. O seu espírito classificatório e hierarquizante, de certa maneira, acabou contaminando diversos procedimentos pedagógicos, em especial as práticas de avaliação.[10] Com isso, eles ajudaram a compor as ideias de criança "normal" e "anormal" e do "bom" e do "mau" aluno, reforçando práticas de exclusão que acabariam regulando, dificultando ou impedindo o acesso de muitas crianças e jovens a todos os níveis da escolarização.

É claro que os testes não foram os únicos responsáveis por essa situação. A eles se somaram outras práticas e outros instrumentos de classificação e julgamento dos alunos que resultaram na construção do fenômeno do chamado *fracasso escolar*. Correntes psicológicas, linguísticas ou sociológicas de diversas procedências procuraram explicar o fato de que uma parte considerável das crianças que eram admitidas na escola não conseguia prosperar para além dos estágios iniciais da aprendizagem.

A maior parte dessas explicações acabaram localizando as razões do problema em fatores externos à escola e às práticas pedagógicas ali desenvolvidas. Estudando as maneiras de constituição do tema, Maria Helena Patto diz que esse suposto fracasso é uma construção teórica e prática e que ela é feita fora da escola, pelos pesquisadores, e dentro da escola, pelos professores.[11]

No caso brasileiro, os estudos acabam oferecendo aos professores diversas categorias de análise, como as ideias da carência material, emocional ou linguística. Neles se procura demonstrar que a maioria das crianças das camadas populares não são bem-sucedidas na escola devido às situações vividas fora dela, antes mesmo de essas crianças entrarem no processo de escolarização. As explicações são muito variadas:

- Suas famílias não lhes ofereceriam suficiente carinho, estímulo e apoio devido ao pouco tempo que passam com as crianças, à ausência mais frequente da figura paterna, à violência familiar etc.;

Os alunos 93

- As crianças seriam mal alimentadas ou mesmo desnutridas devido à pobreza, o que lhes provocaria sérios danos às capacidades mentais;
- O ambiente em que elas vivem seria pobre de estímulos sensoriais e marcado por interações linguísticas muito precárias, o que resultaria em déficits dificilmente superáveis.

Com base nessas concepções e partindo de representações estereotipadas das crianças das classes populares, as professoras e professores das escolas públicas acabam reproduzindo práticas pedagógicas que, consciente ou inconscientemente, contribuem para a produção do fracasso e para a exclusão das crianças fracassadas ou malsucedidas.

Essas práticas e representações terminam por constituir um senso comum pedagógico que pode produzir certos automatismos nas ações docentes. Sustentados pelas explicações baseadas nas ideias de déficit ou carência e acreditando nelas, os professores não encontram na sua formação profissional um conjunto de saberes alternativos que lhes permita inventar outras soluções. Diante das "carências" constatadas e incapazes de aplicar soluções pedagógicas mais efetivas, apela-se para uma pedagogia fundada na atenção, no carinho e na dedicação, que, embora bem-intencionada, dificilmente ajuda as crianças a superarem o círculo de ferro da não aprendizagem, reprovação ou evasão e exclusão da escola.[12]

As explicações propostas para o fracasso escolar (quase) nunca põem em questão a parcela de *responsabilidade* que a esfera escolar e as práticas pedagógicas ali desenvolvidas devem ter na produção e reprodução do problema.

Mais recentemente, tem havido reações contra essa situação com a invenção e a prática de um conjunto de soluções, tanto por meio das ações dos especialistas e do Estado quanto por meio das estratégias desenvolvidas e implementadas por professoras e professores do ensino público. Essas práticas passam, em primeiro lugar, pela mudança dos modos de lidar com os procedimentos de avaliação e classificação dos alunos. Depois, percebe-se a crescente procura de meios mais eficientes de diagnóstico e de levantamento de informações a respeito dos alunos e das suas condições de vida, tanto antes e fora quanto durante e dentro do processo educativo.

Por fim, tem-se procurado integrar mais efetivamente os próprios alunos e, eventualmente, suas famílias nas decisões relativas à definição dos conteúdos do ensino, das formas de interação entre professores, alunos e escola, do peso e do significado das avaliações etc. Delineia-se no presente uma situação em que já se admite, pelo menos em princípio, a necessidade de as escolas levarem em conta as opiniões e aspirações dos alunos e das suas famílias em todas as decisões que lhes digam respeito.

É isso que vem surgindo nas conversas e discussões travadas nas escolas e que também aparece nos textos e nas orientações oficiais dos sistemas escolares, na representação do aluno como sujeito da aprendizagem ou mediante as ideias do envolvimento ativo ou da participação da criança e do jovem nas decisões relativas ao currículo.

Nessa dimensão *o aluno se transforma de paciente em agente*. Se não se torna imediatamente um indivíduo dotado de autonomia, ele passa a ser percebido como alguém que caminha no sentido dessa autonomia. Ser aluno, portanto, só pode ser compreendido a partir dessa noção de *transitoriedade*, que vai da situação do *paciente*, daquele que recebe a ação do trabalho institucional e pedagógico da escola, até a situação do *agente*, aquele que durante o processo da aprendizagem, e com base nele, conquista sua liberdade por meio da aquisição de um conjunto de instrumentos, valores, modos de agir, pensar e se relacionar com o mundo, com a sociedade, com as pessoas.

Compreender o aluno por meio dessa perspectiva da transição, de uma situação que se transforma continuamente e que, no limite, termina por desaparecer, pode ajudar os professores a relativizar seus juízos e atenuar a rigidez das suas classificações (aluno "bom" ou "mau", "forte" ou "fraco" etc.).

Relativizar os juízos sobre os alunos também pode conduzir os professores a serem mais flexíveis nas cobranças que eles acabam impondo a si próprios. Isso não deve implicar, obviamente, rebaixar a qualidade do trabalho. Mas pode e deve atenuar o tipo de exigências impostas por um certo tipo de perfeccionismo que costuma caracterizar a profissão docente e que resulta nos fortes sentimentos de culpa que a têm marcado nos últimos tempos, como já foi visto no capítulo anterior.

Atividades propostas

1. Entre os direitos das crianças aprovados pela ONU em 1959, inclui-se o direito à educação. Leia o trecho abaixo e discuta com os colegas o sentido de existir uma declaração como essa e em que medida o que ela prevê é respeitado ou não no nosso país.

Os direitos das crianças

Em 1959, a Assembleia Geral das Nações Unidas aprovou uma declaração que expressa os direitos mínimos de todas as crianças do mundo. Entre eles se inclui, como se vê, o direito à educação:

1. Direito à igualdade, sem distinção de raça, religião ou nacionalidade;
2. Direito à proteção especial para seu desenvolvimento físico, mental e social;
3. Direito a um nome e a uma nacionalidade;
4. Direito à alimentação, à moradia e à assistência médica adequadas para a criança e a mãe;
5. Direito à educação e a cuidados especiais para a criança física ou mentalmente deficiente;
6. Direito ao amor e à compreensão por parte dos pais e da sociedade;
7. Direito à educação gratuita e ao lazer;
8. Direito a ser socorrido em primeiro lugar em caso de catástrofe;
9. Direito a ser protegido contra o abandono e a exploração no trabalho;
10. Direito a crescer dentro de um espírito de solidariedade, compreensão, amizade e justiça entre os povos.

2. Realize, em grupos ou individualmente, de acordo com as instruções da sua professora ou do seu professor de Didática, entrevistas com crianças procurando levantar o que elas pensam sobre ser criança nos dias de hoje. É importante elaborar previamente um roteiro da entrevista que permita recuperar inclusive algumas informações sobre origem social, idade, escolaridade dos pais ou outros itens que forem considerados importantes na pesquisa. Com base no material levantado, pode ser realizado um debate em classe sobre as diversas representações de infância recolhidas. Os resultados finais do debate podem ser expressos num texto coletivo ou sob a forma de uma revista ou um jornal mural a ser exposto na escola para eventuais novos debates.

3. Procure levantar na biblioteca da sua escola ou em alguma biblioteca pública livros da literatura infantil e juvenil que tragam representações da infância e da juventude, tanto para os dias de hoje quanto em relação ao passado. Consultar um professor de Literatura poderá ajudá-lo nessa tarefa. Esse levantamento poderá compor um acervo de referências bibliográficas a serem utilizadas posteriormente em outros trabalhos. Outra sugestão é que a classe escolha um ou alguns desses livros para ler e discutir, procurando entender como a literatura destinada às crianças ou aos jovens trata as imagens da infância e da juventude: a) como são as crianças e jovens que aparecem nos livros?; b) a que grupos sociais elas pertencem?; c) as imagens ali descritas correspondem a situações reais ou são apenas idealizações? Por fim, seria possível comparar os resultados desse trabalho com o desenvolvido na atividade anterior, nas entrevistas com as crianças.

Notas

[1] S. Steinberg e J. Kincheloe, 2001, p. 12.

[2] Idem, p. 13.

[3] B. Green e C. Bigum, 1998.

[4] B. Charlot, 1979.

[5] Idem, p. 107.

[6] P. Perrenoud, 1993.

[7] Conferir o capítulo "A relação pedagógica: a Didática em ação".

[8] R. Rosenthal e L. Jacobson, 1973. Essa experiência ficou muito conhecida e gerou muitas polêmicas. Parte desse debate foi examinada num artigo publicado no Brasil (cf. V. M. M. Rasche e V. M. M. Kude, 1986).

[9] N. Bisseret, 1979.

[10] Conferir o capítulo "A avaliação: resultados e orientações do ensino e da aprendizagem".

[11] M. H. S. Patto, 1991.

[12] E. S. S. Barreto, 1981.

A RELAÇÃO PEDAGÓGICA: A DIDÁTICA EM AÇÃO

Quando se fala no processo de ensino e aprendizagem, corre-se o risco de adotar uma descrição idealizada, que tende a considerar isoladamente os atores sociais envolvidos. Assim, pensa-se muitas vezes que basta um professor bem preparado, com um bom planejamento e um bom domínio dos conteúdos e dos métodos, aliado a um conjunto de alunos individualmente motivados e dotados de condições prévias consideradas satisfatórias (tais como boa nutrição), posse dos pré-requisitos cognitivos e boa disposição, que tudo se passará bem: o professor conseguirá ensinar e os alunos conseguirão aprender. Qualquer insucesso, com base nessa perspectiva, só poderá ser devido a alguma deficiência ou carência situadas no plano individual.

Nessa maneira de pensar, a Didática é percebida como repositório e fonte dos bons métodos de transmissão dos conhecimentos e de avaliação dos resultados obtidos. É ali que o professor busca recursos, procedimentos ou até mesmo "truques" para resolver uma tarefa bastante precisa, a de *transmitir* um determinado conhecimento para os alunos. A Didática e os seus procedimentos funcionariam, nesse caso, como a correia de transmissão de uma linha de montagem industrial, aquela espécie de mecanismo que vai conduzindo as diversas partes do produto até ele ser completado e receber o acabamento final.

Nós poderíamos chamar essa descrição de representação técnica da Didática e do processo de ensino e aprendizagem. Ela, porém, não dá conta do aspecto fundamental que dá *sentido* ao que acontece na sala de aula e que permite que o trabalho docente se realize e que a aprendizagem aconteça. Trata-se do fato irrecusável de que o ensino e a aprendizagem se dão *como* e resultam *de* uma *relação social*, de um conjunto de interações humanas, portanto, que não se podem resumir a simples procedimentos técnicos isolados.

Esse conjunto de relações humanas, e, consequentemente, sociais e históricas, pode ser apreendido sob a denominação de *relação pedagógica*, que engloba o conjunto de interações que se estabelecem entre o professor, os alunos e o conhecimento. Embora muitas vezes a relação pedagógica tenda a ser interpretada de modo um tanto restrito, levando-se em conta apenas o aspecto da relação (ou interação) professor–aluno, esse conceito recobre uma realidade muito mais ampla, envolvendo diversas outras dimensões do processo de ensino e aprendizagem. Pensar o ensino e a aprendizagem em termos de relação pedagógica implica admitir a complexidade da situação de sala de aula e considerar as questões de ensino de um ponto de vista dinâmico.

É possível examinar a relação pedagógica sob diversos pontos de vista. Neste capítulo, consideraremos três dimensões que recobrem aspectos distintos e bastante amplos da questão: a dimensão linguística, a dimensão pessoal e a dimensão cognitiva.

A DIMENSÃO LINGUÍSTICA: O DIÁLOGO NA SALA DE AULA

Um aspecto muito relevante da relação pedagógica diz respeito ao fato de que ela se estabelece em grande medida por meio do discurso, do diálogo ou da linguagem, nas diversas práticas que se desenvolvem na sala de aula. A dimensão linguística não recobre todos os aspectos da relação pedagógica, mas certamente a compreensão das maneiras como se desenvolve o discurso na sala de aula ajuda a melhor situar grande parte das interações que ali ocorrem, seja entre professor e alunos, seja entre os próprios alunos.[1]

Se o diálogo não resume todo o processo educacional, certamente ele é o seu núcleo, a sua porção principal e central. Nesse sentido, devemos concluir que a linguagem é estruturante da relação pedagógica e tem poderosa influência na aprendizagem dos estudantes.

A relação pedagógica transforma as crianças em alunos mediante a estrutura do diálogo ou da conversa entre estes e o professor. Os tipos de perguntas que são feitas, os modos como elas são formuladas, a observação de que respostas são aceitas, toleradas ou rejeitadas pelo professor e do retorno (*feedback*) que é dado a cada uma delas, tudo isso vai fazendo, aos poucos, com que as crianças aprendam a ser alunos.

Pode-se perceber esse peso estruturante da linguagem na sala de aula quando se observa a constituição e a reprodução de determinadas fórmulas padronizadas no diálogo entre professor e alunos: modos de dirigir-se à classe ou a um indivíduo em particular, maneiras de destacar certas ideias como mais importantes, formulação pelo professor de frases incompletas a serem preenchidas pela classe. Todos esses e muitos outros aspectos da conversa na sala acabam contribuindo para a produção de uma padronização e de uma rotina das aulas, capazes de garantir uma certa percepção de continuidade entre os diversos conhecimentos que são ensinados e aprendidos.

Além disso, a linguagem também tem grande peso quando se constata que o que acaba contando como conhecimento na escola é aquilo que se fala e que pode, consequentemente, converter-se em texto. Para tanto, basta ver a grande predominância nas escolas das formas de avaliação que se valem de instrumentos escritos ou orais. Embora haja diversos outros tipos de conhecimento que se expressam pela demonstração ou pela prática, ou ainda que se adquirem pela observação, pela participação vigiada ou pela experimentação direta (por exemplo, a caça, a pesca ou a produção da cerâmica), na situação escolar ensinar é principalmente *ensinar a falar*, e aprender é *aprender a falar* (e escrever). Nesse sentido, pode-se descrever o professor como aquele que exerce, na relação pedagógica, diversas práticas de atos comunicativos específicos da sua profissão: prelecionar, explicar, fazer perguntas, encorajar os alunos a falar etc. No exercício dessa comunicação, a linguagem do professor é muitas vezes usada para reforçar o seu papel social e a sua autoridade na sala de aula.

Também os tipos de perguntas empregadas pelos professores podem revelar concepções a respeito do ensino. Em diversas disciplinas, por exemplo, costumam ser mais frequentes determinadas questões que exigem a citação de fatos em comparação com aquelas que exigem manifestação de raciocínio. Isso certamente sinaliza para os alunos o que se espera deles naquela aula: "aqui não se trata de pensar de maneira mais complexa, mas apenas de mobilizar a memória", "a informação é mais importante do que o pensamento original". Essa mensagem nunca é dita explicitamente, pois ela não está presente no conteúdo, mas, sim, na *forma* do diálogo.

Em grande parte das interações em sala de aula, os alunos tendem a permanecer no papel passivo, daquele que apresenta respostas às questões formuladas pelo professor. Nessa estrutura de ensino, de acordo com Stubbs, há uma mensagem implícita:

> O conhecimento ou saber da aula consiste em fiadas de respostas curtas que podem ser individualmente avaliadas. O saber da aula é, pois, essencialmente fechado. Todas as perguntas têm respostas corretas. O diálogo professor–aluno é efetivamente um monólogo, com o aluno a fornecer respostas curtas a pedido, para contribuir para a corrente de pensamento do professor.[2]

Como já vimos no capítulo "Os professores: identidade e formação profissional", o professor, até bem pouco tempo atrás, sempre se caracterizou por ser um profissional que ensinava aos alunos apenas aquilo para o qual ele tinha respostas. Portanto, todo o "jogo linguístico" nessa modalidade de ensino consiste na produção, pelo professor, de perguntas cujas respostas ele domina e também no controle do diálogo, de maneira a não deixar emergir as questões sem resposta, aquelas que operam sobre um campo de incerteza e de indeterminação e que são justamente as indagações que movem a produção do conhecimento na sociedade contemporânea cada vez mais envolvida com problemas sempre tidos como insolúveis, seja pela ciência, seja pela Filosofia (por exemplo, a origem do universo, a produção de ordem e regularidade em meio ao caos, a origem precisa da vida etc).

Para controlar esse diálogo, o professor aprende a organizá-lo de maneira que as respostas a cada uma das questões possam ir

A RELAÇÃO PEDAGÓGICA   101

fornecendo pequenos dados de saber (informações) que, juntos, componham a noção de conhecimento ensinado e aprendido. Também, de outro lado, o diálogo da aula define e constrói a capacidade do aluno. Como as classificações dos alunos são feitas, pelo menos em parte, com base na sua competência para participar desse diálogo, ao aceitar o seu papel, o aluno passa a se esforçar para conseguir que o professor ouça as suas respostas e as admita como corretas. Para tanto, ele precisa reconhecer o direito do professor de organizar a conversa, escolher os assuntos, pedir e avaliar as respostas. A *autoridade* do professor, portanto, tem muita relação com esse reconhecimento pelos alunos do seu papel predominantemente ativo no diálogo da sala de aula.

A mobilização e o uso da linguagem *do* e *no* ensino definem, portanto, um determinado estilo de relação pedagógica e têm consequências importantes para as maneiras como se darão as interações pessoais dentro da sala de aula e os padrões de relação com o saber que os diversos alunos estabelecerão na escola.

No entanto, é claro que, apesar de dominante, esse modo de controle do discurso da aula por parte do professor não é a única maneira de expressão da dimensão linguística da relação pedagógica. Sempre ficam em aberto outras formas de uso da linguagem que instaurem possibilidades mais abertas de intervenção dos alunos. Isso acaba acontecendo, por vezes, de maneira inesperada e fora de controle, quando ocorre uma contestação do padrão dominante de formulação de questões (pelo professor), respostas (pelos alunos) e retorno (de novo, pelo professor). Tal contestação pode ocorrer por falha na própria comunicação – o esquema não é suficiente para garantir a aprendizagem – ou pela iniciativa deliberada de um dos agentes – aluno ou professor.

Numa proposta de ensino em que o professor decida inverter os papéis e transferir para os alunos a obrigação de apresentar as questões em vez das respostas, a reação mais imediata costuma ser de desconcerto por parte dos alunos. No entanto, trata-se de uma possibilidade muito rica de intervenção no núcleo do próprio processo didático: aprender, nesse caso, pode deixar de ser assimilar respostas a questões predeterminadas. A relação pedagógica instaurada a partir daí não poderá mais se pautar por um desejo de estrito controle do diálogo pelo professor, na medida em que estará aberta a brecha para a emergência das questões inesperadas, imprevistas, sem respostas previamente imaginadas.

A instauração de outros padrões de diálogo e de relação pedagógica implica a ampliação do espectro e das modalidades de conhecimento que poderão ser abrigados pelo currículo. Além dos saberes que se adquirem por imitação ou por assimilação, deverão ser admitidos também alguns saberes mais indeterminados, especulativos, que se desenvolvem pela reflexão e que terão que ser confrontados com os saberes acumulados histórica e coletivamente pela sociedade num processo de trânsito contínuo entre o individual e o social.

A DIMENSÃO PESSOAL:
OS VÍNCULOS ENTRE PROFESSOR E ALUNOS

Dependendo do que é proposto como conhecimento socialmente válido e necessário, muda-se obrigatoriamente o modo de ensinar e também, portanto, os padrões da relação pedagógica. Desse ponto de vista, podemos compreender por que a noção de professor na nossa sociedade é bem diferente daquela do mestre oriental clássico ou mesmo da figura de mestre representada por Sócrates nos diálogos platônicos. Ali, tanto no Oriente budista, taoista ou hindu, por exemplo, quanto na atuação de Sócrates, o que conta como saber é o conhecimento e aperfeiçoamento de si, da interioridade, expresso no famoso apelo socrático do *"conhece-te a ti mesmo"*. Se o que importa como saber válido não deriva de uma apreensão mais precisa do mundo exterior, mas de uma compreensão mais aprofundada do próprio eu, a relação pedagógica daí procedente tende a ser aquela em que o mestre induz ou convida o discípulo, em primeiro lugar, à admissão e ao reconhecimento da sua ignorância e, em seguida, a um processo de introspecção e de descoberta de si mesmo, dos seus limites pessoais e das suas possibilidades de aperfeiçoamento moral e ético. Desse ponto de vista, o mestre está ali apenas para continuamente reconduzir o aprendiz à sua devida posição. A relação pedagógica, no caso, instaura-se sob a influência de uma autoridade reconhecida como natural (ou até mesmo sobrenatural), resultante dos contatos mais profundos do mestre com a perfeição e a transcendência.

No caso do Ocidente e da sociedade moderna e contemporânea, no entanto, estamos diante da admissão da necessidade de um conhecimento mais preciso do mundo exterior, ou seja, de um conhecimento do que se passa fora da instância do puro eu. Não se quer dizer, com isso, que a pretensão da objetividade da ciência ou de outras modalidades de conhecimento ocidentais possa abrir mão do *"conhece-te a ti mesmo"*, mas, nesse caso, o mergulho introspectivo é ponto de partida e mecanismo de correção de erros, o qual não é estabelecido como fim ou como objetivo do processo de conhecimento. Nesse sentido, a finalidade desse processo está posta, em grande medida, *fora* do sujeito que quer aprender e também do sujeito que ensina, embora a apreensão exija procedimentos cognitivos que obriguem a constantes retornos à autorreflexão. Posto o saber como objetivo, isto é, como estando localizado, em princípio, fora do sujeito, será esse saber que conduzirá a relação pedagógica nas escolas. Em vez de mestre e discípulos, professor e alunos é que serão os atores dessa relação. Os vínculos que se estabelecerão entre eles, portanto, embora não estejam totalmente livres de uma certa marca de dependência que caracteriza a relação do discípulo com o mestre, podem se instaurar em modalidades distintas.

No exame desses vínculos, uma das perspectivas possíveis é a de nos determos apenas sobre a dimensão das relações interpessoais, buscando recursos e apoio na Psicologia, que pode nos ajudar a entender a relação pedagógica com base na similaridade com outros tipos de relações interpessoais que se travam fora do ambiente escolar. Mesmo se nos propusermos a esse tipo de exame, no entanto, é preciso não perder de vista que as relações entre professor e alunos são marcadas, quase que invariavelmente, por uma certa *assimetria*, na medida em que existe a interferência da noção de autoridade e a admissão de que se trata de relações que se estabelecem com finalidades relativamente determinadas, ligadas a objetivos externos às próprias relações, quais sejam, o conhecimento, o ensino e a aprendizagem de um determinado saber.

Essa assimetria deriva, de um lado, do reconhecimento da relevância do saber em jogo na relação pedagógica. Além disso, deriva também da aceitação, implícita ou explícita, de que o professor domina, ou pelo menos está mais próximo, desse saber e das melhores maneiras de torná-lo acessível aos alunos. Trata-se, portanto, da admissão da *autoridade pedagógica* do professor. O reconhecimento dessa assimetria tende, por vezes, a instaurar certos padrões de interação pessoal que resultam na produção de *vínculos de dependência* entre professor e alunos. Se isso é mais evidente no trabalho com crianças menores, essa marca da dependência pode ser encontrada, inclusive, nas relações entre orientador e orientando nas atividades da pós-graduação.

Em diversos estudos tem-se afirmado que a prevalência no ensino de interações pessoais marcadas por forte afetividade tem sido o principal fator de reprodução desse padrão de dependência. Insiste-se, por vezes, em apresentar esquematicamente dois modelos de exercício da docência que se caracterizariam, de um lado, pela associação entre o reforço da dimensão afetiva e o estabelecimento de rotinas pedagógicas bastante padronizadas, e, de outro, pela prevalência da competência técnica e do compromisso político dos professores em relação ao ensino.[3]

Outros trabalhos, no entanto, puderam mostrar que a presença de um forte caráter de afetividade não implica necessariamente uma influência negativa sobre os resultados obtidos pelos alunos, bem como pode funcionar, em certos casos, na direção de uma relação pedagógica mais livre e mais democrática. Trata-se das pesquisas que têm sido desenvolvidas nos Estados Unidos, e também no Brasil, em torno da ideia do *desvelo*, isto é, da dedicação do professor (na realidade, quase sempre os estudos se referem a professoras) aos seus alunos enquanto uma forte marca do exercício e da identidade profissional da docência, assim como de algumas outras profissões ligadas ao cuidado (enfermeiras, médicos plantonistas etc.).[4] O que esses estudos mostram é que as professoras que assumem conscientemente essa perspectiva do desvelo não abrem mão dos seus compromissos políticos nem abandonam a sua competência técnica, procurando mobilizar todas essas dimensões em favor dos seus alunos e da promoção da sua aprendizagem. Nesses casos, mostra-se a instauração de um tipo de interação pessoal entre alunos e professora bastante marcada pelas relações de afetividade e por um forte vínculo de compromisso pessoal entre professora e alunos.

Isso não significa aproximar essas práticas, no entanto, da já excessivamente criticada banalização do uso das relações de afeto nas salas de aula, em especial nas classes iniciais do ensino fundamental e mesmo na educação infantil, em que esse afeto costuma ser mobilizado em favor do reforço de estereótipos e discriminações ou então como mecanismo de imunização contra as críticas que possam ser feitas a um trabalho pedagógico ineficiente e descompromissado com os efetivos resultados da aprendizagem – "afinal, eu amo tanto os meus alunos, me dedico tanto a eles...".

A Didática tem um papel decisivo na configuração da relação pedagógica, na medida em que essa relação acaba se expressando diretamente nos próprios dispositivos pedagógicos e nas maneiras como eles são mobilizados. Isso se torna mais claro quando se comparam dispositivos distintos ou mesmo opostos. Por exemplo, tomemos, de um lado, a chamada *sala de aula tradicional*: as fileiras ordenadas, voltadas para a mesa do professor que ocupa lugar central e à frente da sala; a lousa, como lugar de inscrição do saber, às costas do professor e adiante dos alunos; a ausência de ornamentos e a austeridade do ambiente para permitir a atenção concentrada dos alunos no professor ou em cada uma das tarefas a serem feitas individualmente. De outro lado, imaginemos uma sala de aula mais adaptada às *pedagogias renovadoras* ou às práticas construtivistas: não há lugares fixos determinados, nem mesmo para o professor; grandes mesas ocupadas por vários alunos, que trabalham em equipes; nos cantos da sala, outras mesas e estantes com materiais diversos a serem utilizados naquele momento ou em qualquer outro, dependendo do desenvolvimento das atividades ou das iniciativas das crianças; nas paredes, cartazes coloridos, exposição de trabalhos realizados pelos alunos, fotografias, mapas etc.

Considerando a organização física da sala de aula como um dispositivo pedagógico, poderíamos dizer que, no primeiro caso, ela induz a um tipo de relação pedagógica em que o professor tem um papel claramente ativo e central e pode observar e controlar a maior parte das interações pessoais que ocorrem dentro da classe. Os alunos se orientam na direção do professor e da sua palavra, seguindo as instruções que lhes vão sendo formuladas. A relação pedagógica instaurada aponta para um tipo de interação pessoal que se dá mais no sentido vertical, de cada aluno com o professor, do que no sentido horizontal, dos alunos entre si. A dimensão coletiva estaria presente no momento da correção dos exercícios, quando um ou outro aluno – ou mesmo todos – seriam instados a apresentar e confrontar os resultados obtidos. No segundo caso, teríamos alunos empenhados em múltiplas interações tanto com o professor quanto com os colegas, quanto, ainda, com a própria atividade a ser realizada. O professor fica numa posição secundária, deslocado, acompanhando e observando o desenvolvimento das atividades e procurando registrar em que medida cada um dos alunos está se aproximando dos objetivos propostos naquela tarefa.

No entanto, como já vimos anteriormente, a adoção deste ou daquele dispositivo depende não apenas das concepções pedagógicas predominantes ou às quais o professor se vincula, mas também do tipo de conhecimento com que se está trabalhando. Saberes proposicionais, que se aprendem mediante a assimilação, seja pela exposição oral, seja por meio da leitura, podem ser mais bem incorporados individualmente. Certas habilidades ou certas maneiras de executar uma tarefa são aprendidas de outro modo, pela imitação, isto é, pela observação e repetição de determinados procedimentos, o que implica grande concentração, exercício e treino. Já a aquisição de outros tipos de saberes (morais ou éticos, por exemplo) pode se beneficiar da instauração de um espaço de partilha de ideias, de troca de impressões e de formulação de opiniões, tanto entre as próprias crianças e jovens quanto entre estas e pessoas adultas.

Desse modo, os dispositivos pedagógicos adotados, bem como as correspondentes modalidades de relação pedagógica a eles associadas vão depender sempre dos propósitos e finalidades com que se opera no ensino e na sala de aula. Eles não são, portanto, neutros, mas também não são eles que determinam ou condicionam totalmente os resultados que serão obtidos. Esse aspecto mais propriamente didático da relação pedagógica vai além da dimensão pessoal e dos vínculos entre professor e alunos e se projeta numa região mais aberta, que é a das relações com o saber.

A RELAÇÃO PEDAGÓGICA   107

Desse ponto de vista, mostra-se quase que irrelevante um determinado tipo de crítica que procura agrupar as práticas pedagógicas em torno das categorias do *novo* e do *tradicional* e conceder um juízo sempre positivo ao novo e sempre negativo ao tradicional. Em certas situações, dependendo da modalidade de saber com que se trabalha, o arranjo da sala dita tradicional pode-se revelar muito mais eficiente em termos de garantir a aprendizagem dos alunos, a qual, afinal, deveria ser tomada como o melhor critério para avaliar essa questão.

Claro que é ponderável um tipo de crítica que procura desvelar em que medida os aparatos e dispositivos pedagógicos e educacionais contribuem para a reprodução das estruturas sociais vigentes, dos papéis de mando e obediência, da ideologia, da imposição dos padrões de normalidade e anormalidade, entre outras características negativas que se apontam na escola. Mas é preciso ter em conta que qualquer forma alternativa adotada também poderia ser objeto de críticas semelhantes.

A escola é a instituição autorizada e legitimada a exercer a *violência simbólica* e só assim ela pode cumprir o seu papel. A alternativa a isso seria assumir uma proposta semelhante às que circulavam nos anos 1970, a chamada "desescolarização" ou "sociedade sem escolas".[5]

Voltando à sala de aula tradicional, pode-se dizer, contra certas críticas a ela endereçadas e que hoje se tornaram senso comum, que nela existia uma suposição bastante generosa que a tornava um aparato a serviço de uma certa noção de democracia. Na concepção pedagógica que a sustentava existia a suposição de uma profunda igualdade entre os indivíduos, na medida em que se admitia que todas as pessoas possuem, potencialmente, todas as capacidades necessárias para aprender e, portanto, podem todas aprender juntas os mesmos conteúdos, ao mesmo tempo.

Assim sendo, comentários muito generalizantes sobre esta ou aquela proposta pedagógica, sobre este ou aquele dispositivo pedagógico, tendem a se revelar irrelevantes se não situarem muito bem o contexto social, histórico e pedagógico particular em que se está examinando o uso da referida proposta.

É preciso ainda acrescentar uma observação sobre o caráter individual ou coletivo da aprendizagem e as implicações disso para

108   DIDÁTICA

a relação pedagógica. É claro que a aprendizagem se expressa por meio de um conjunto de mudanças comportamentais e cognitivas que se dá em cada indivíduo considerado isoladamente. No entanto, há uma importante dimensão coletiva da aprendizagem que se expressa pelo menos de duas formas. Em primeiro lugar, o conhecimento em si é um tipo de bem coletivo, produzido social e historicamente e apropriado também coletivamente pela humanidade ou por cada uma das configurações sociais particulares da humanidade ao longo da sua existência como espécie produtora de cultura. Nesse sentido, todo processo de ensino e aprendizagem que se dirige para um saber específico está estabelecendo um diálogo com uma parcela desse saber humano coletivo. Em segundo lugar, embora o empenhamento e envolvimento individual na aprendizagem seja decisivo para o êxito desse processo, é fato confirmado por diversos estudiosos que ninguém aprende apenas por si mesmo, mas com o(s) outro(s), em contato com ele(s), em relação a ele(s). Nessa perspectiva, existe um papel relevante a ser cumprido pelo professor e, ao contrário do que defendiam os propositores da Escola Nova, ou do que ainda defendem alguns construtivistas, ele não deve se reduzir a um simples observador ou facilitador do desenvolvimento da criança.

As diferentes modalidades de conhecimento com que se lida na escola exigem diferentes posturas pedagógicas dos professores e implicam diferentes formas de relação pedagógica. Em várias delas, a participação dos alunos pode se revelar mais ou menos decisiva, mais ou menos influente sobre os resultados da aprendizagem. Desse modo, não há por que postular a adoção de um modelo pedagógico único, que implicaria a padronização das relações pessoais na escola, na sala de aula e no ensino e aprendizagem.

Ainda pensando a relação pedagógica do ponto de vista das interações pessoais, é preciso admitir que há necessariamente um conjunto de tensões entre professores e alunos no processo pedagógico. Acontece que, do ponto de vista do professor, a relação pedagógica e a concretização do ensino como aprendizagem são percebidas como parte do seu trabalho, muitas vezes sob o abrigo de representações imaginárias como missão, função pública, dever etc. Já do ponto de vista dos alunos, o ponto de partida da instauração da relação pedagógica é necessariamente percebido como uma arbitrariedade ou como uma imposição de vontade na medida em que a escolarização é obrigatória.

O professor vai-se ocupar, durante parte expressiva do tempo escolar, com procedimentos que procuram produzir a imposição do ritual pedagógico, enquanto os alunos reagirão desenvolvendo formas de resistência. Essa concepção estratégica da relação pedagógica não precisa desembocar necessariamente na noção de confronto aberto, podendo ser conduzida também para as ideias de jogo ou de desafio.[6] O importante é assinalar que, dessa perspectiva, a relação pedagógica é sempre e necessariamente marcada por contradições e não pode ser apreendida mediante uma representação estática dos papéis: o professor ensina e os alunos aprendem.

A DIMENSÃO COGNITIVA: RELAÇÕES COM O SABER

Como já se mostrou no capítulo "A escola e o ensino: o núcleo da Didática", o ensino e a aprendizagem acontecem com base numa *relação triádica*, isto é, numa relação entre professor, alunos e conhecimento. Admitir a relevância dessa dimensão cognitiva da relação pedagógica é vital para podermos compreender as maneiras pelas quais a escola encontra (ou não) ressonância entre as crianças e os jovens, bem como os papéis que ela representa ou pode representar na solução de diversos problemas percebidos na sociedade contemporânea.

Trata-se de admitir que, para além de (ou juntamente a) ser uma instituição destinada à socialização das crianças e dos jovens, a escola tem uma função bastante precisa de propiciar acesso ao saber. Para as pessoas provenientes dos setores mais pobres da sociedade, talvez esse seja o único lugar social em que elas poderão ser postas em contato com um conjunto de saberes, práticas, instrumentos e aparatos intelectuais que não costumam estar facilmente disponíveis em outras instituições: as ciências, a literatura, as artes, os livros, enfim, grande parte do patrimônio cultural acumulado socialmente só costuma chegar à maioria das pessoas mediante aquilo que é apresentado na escola, durante o ensino fundamental e médio.

Do ponto de vista de algumas correntes sociológicas que examinam o sistema escolar, ele funciona no sentido de reproduzir as estruturas da sociedade e reforçar as divisões já instituídas antes de o indivíduo entrar na escola. Desse modo, apenas as elites é que teriam de fato acesso pleno a esse patrimônio cultural, o que contribuiria para a reprodução das classes sociais. De acordo com as previsões dessa sociologia, as pessoas oriundas das classes sociais subordinadas não têm como utilizar a escola como mecanismo de rompimento das fronteiras sociais.

Se essa análise, em termos gerais e estatísticos, parece bastante adequada, ela não dá conta, e talvez nem seja mesmo o seu propósito, de explicar diversos casos em que crianças e jovens pobres acabam tendo sucesso nos estudos, enquanto outros, ricos, podem fracassar. Entender esses casos (que, afinal, não são tão raros assim) e como eles se produzem pode ajudar na invenção de práticas pedagógicas que possam contribuir para a atenuação das grandes desigualdades sociais, reforçadas, em grande parte, pelas diferenças de trajetórias escolares numa sociedade como a brasileira.

Para tanto, seria preciso um esforço de análise que procurasse compreender a relação pedagógica mediante a noção de relações com o saber. Compreender, portanto, em que medida o saber escolar pode mobilizar ou de fato mobiliza as crianças e os jovens a frequentar a escola e a procurar se apropriar desse saber. Entender, ademais, que, se não for por causa dessas relações com o saber, o que mais poderia explicar o movimento das pessoas na direção das escolas?

De acordo com o sociólogo francês Bernard Charlot, as relações com o saber têm a marca da origem social, mas não são determinadas por ela, ou seja, como já se afirmou anteriormente, algumas crianças pobres, em alguns casos, obtêm sucesso na escola, enquanto algumas crianças ricas podem fracassar.[7] Para Charlot, as relações com o saber podem ser investigadas sob uma perspectiva psicológica, sociológica ou mesmo didática. Nas suas palavras:

> Classicamente, a didática indaga-se sobre o conteúdo de saberes a transmitir (sobre a "transposição didática" do saber teórico em saber escolar), sobre as situações de transmissão (sobre

o contrato pedagógico), sobre os melhores meios a serem utilizados para que essa transmissão se opere. Mas mesmo quando as condições didáticas ótimas são assim definidas e implementadas, nada impede que certos alunos fracassem. Isto levou os didatas a ficarem atentos ao conceito bachelardiano de obstáculo epistemológico e, posteriormente, ampliando a análise, ao conceito de relação com o saber.[8]

Para Charlot, apreender as relações com o saber implica criar mecanismos que permitam apreender a história singular de cada um dos alunos no sistema escolar, porque, se as teorias sociológicas podem explicar em linhas gerais como a escola funciona como mecanismo de reprodução social, elas não conseguem dar conta justamente dessas singularidades. Portanto, o fundamental é tentar perceber o que leva crianças e jovens para a escola, o que os faz permanecer nela e tentar aprender e quais as relações que eles estabelecem com a própria escola e com o saber.

Compreender como os alunos se relacionam com a escola pode ser desdobrado em duas perspectivas: a *mobilização para a escola*, isto é, o que os move até lá, e a *mobilização na escola*, isto é, estando lá, o que os faz estudar ou não estudar, ter êxito ou fracassar.

Em relação à primeira perspectiva, os estudos têm mostrado que os alunos se mobilizam para a escola, para além do fato de ela ser obrigatória, por duas ordens principais de razões. De um lado, há a *demanda familiar*, que cria expectativas que associam o sucesso na escola a melhores condições de vida e que expressa os resultados de uma espécie de impregnação cultural difusa que constrói a imagem da escola como instituição redentora, formadora e fornecedora de oportunidades. De outro lado, há uma tendência a associar a escola com expectativas ligadas à *profissão e ao saber*. Nesse sentido, a escola tende a ser representada pelos alunos seja como caminho obrigatório para um futuro profissional melhor (relacionado à necessidade dos certificados ou das exigências de formação mínima pelas empresas), seja como lugar de aquisição de saberes relevantes, úteis ou necessários, tanto para o exercício profissional quanto para toda a vida.

Com base nessas expectativas, os alunos vão para a escola e, nela, vão descrever trajetórias distintas, ora confirmando as demandas iniciais, ora frustrando-as. Quando investigados, eles costumam ressaltar como aspectos importantes para o seu desempenho escolar (a *mobilização na escola*): empenho ou não empenho pessoal no estudo, influências positivas ou negativas dos colegas e do ambiente da classe, fatores pessoais ligados à preferência ou não por determinados professores ou por determinadas matérias.

Os indivíduos se envolvem numa pluralidade de relações com os saberes na escola e fora dela. No caso propriamente escolar, nota-se que diversos fatores acabam tendo influência sobre os resultados que serão obtidos pelos alunos e que nem todos dependem estritamente da ação dos professores. Nesse sentido, é possível concluir que estamos longe de uma representação idealizada da Didática ou da profissão docente, que lhes atribui um poder quase absoluto e, ao mesmo tempo, a responsabilidade quase total por tudo que acontece nas escolas.

Trata-se de perceber que os alunos têm um papel ativo na relação pedagógica e que esta, portanto, não pode ser inteiramente controlada pelos professores. Durante a sua trajetória escolar e com base na instituição de diversas relações com o saber escolar, o aluno se constitui como sujeito e se torna capaz de atribuir sentidos àquilo que faz na escola.

Será mediante essa atribuição de sentido que os sujeitos-alunos, ou alunos-sujeitos, constituirão hierarquias do que é mais ou menos interessante, mais ou menos importante e que, portanto, merece maior ou menor investimento pessoal. Essas hierarquias são singulares, embora possam ser partilhadas, às vezes, por um grande número de alunos em uma mesma escola ou em uma mesma classe. O professor precisa levar isso em conta. Não se trata de render-se, puramente, ao tal "interesse do aluno", mas, sim, de entender como se dão esses processos de atribuição de sentido e tentar operar justamente sobre eles. Não se vai produzir um significado mais interessante ou agradável para os saberes escolares apenas tornando-os mais fáceis, mais assimiláveis ou mais prazerosos.

Do ponto de vista do professor, compreender essa dimensão da relação pedagógica exige, em primeiro lugar, que ele faça, no seu próprio processo contínuo de formação e de reflexão, um exame sobre as suas formas de relação com o saber e os sentidos que ele mesmo atribui àqueles conhecimentos que ele domina e ensina: "Eles de fato são relevantes? O que eles significam ou significaram em termos da minha constituição enquanto sujeito–professor? O que eu acho que eles podem significar para os alunos?".

O professor também precisa se perguntar sobre as suas opções profissionais e tentar responder por que ele vai para a escola. Não se trata de uma profissão que, em geral, seja bem remunerada. Não se trata, nos dias de hoje, de uma profissão dotada de grande *status* ou de grande reconhecimento social. Por que, então, diversas pessoas continuam optando pela docência? Essas questões devem estar sempre postas por todos os professores, uma vez que o constante reexame dessa relação do indivíduo com a sua profissão poderá lhe oferecer, em alguma medida, alguns roteiros, ainda que provisórios, dos caminhos a trilhar em seguida. Somente mediante a instauração desse processo constante de reflexão sobre o seu próprio papel é que os professores poderão melhor entender o que acontece nas escolas em que trabalham e poderão atuar no sentido de instaurar outras modalidades de relações com o saber e, consequentemente, de outras modalidades de relação pedagógica. Um dos aspectos a ser levado em conta é o peso das tradições pedagógicas: em que medida certas práticas não acabam sendo reproduzidas apenas porque já foram incorporadas no repertório usual de soluções à disposição dos docentes?

Um exemplo desse tipo de automatismo se verifica quando o espaço da relação pedagógica passa a ser ocupado por procedimentos didáticos rotineiros ligados a determinadas tarefas repetitivas e automáticas, do tipo do ensino programado, em que a intervenção do professor é mínima, ou daquelas aulas em que o professor abdica do seu papel e o transfere para o livro didático ou para outro material qualquer: "Leiam o livro na página tal e façam o exercício".

Aprender e ensinar só são possíveis pela intervenção do outro. São, portanto, atividades que se desenvolvem por meio de uma relação. No caso da relação com o saber, ela é ao mesmo tempo *relação consigo próprio*, com o *outro* e com o *mundo,* na medida em que esse saber e essa relação ajudam a constituir a identidade do sujeito, a sua particularidade diante dos outros sujeitos e também permitem organizar, pôr em ordem e interpretar o mundo circundante.

A escola pode ser um lugar em que essa proposição de sentidos ou de significados seja possível. Ela *pode* ser, mas ela não vai se tornar assim por nenhuma força natural ou tendência histórica irreversível. As ações dos agentes sociais envolvidos nas relações pedagógicas é que construirão os significados particulares de cada situação escolar específica.

ATIVIDADES PROPOSTAS

1) De acordo com Michael Stubbs, o modo como se estrutura o diálogo na sala de aula permite compreender os estilos de relação pedagógica ali exercidos, bem como os conceitos de ensinar e de aprender presentes nos professores e nos alunos. A sugestão de atividade é a de gravação em áudio (também pode ser em vídeo) de uma ou mais aulas, de qualquer nível de ensino, para depois poderem ser estudadas as interações linguísticas ali ocorridas. Cada aluno ou equipe deverá observar uma aula qualquer e, com autorização do professor que ministra a aula (é importante explicar para o professor ou professora o tipo de exercício que vocês estão fazendo), gravar essa aula em fita cassete e depois transcrever a gravação em texto, indicando, inclusive, as pausas, mudanças de entonação, falas simultâneas, silêncios mais prolongados etc. É importante, durante a gravação, também realizar anotações para se recolher alguns detalhes difíceis de registrar no áudio. Com base nessa transcrição e nas anotações feitas durante a aula, elabore um comentário sobre os papéis exercidos por professor e alunos, os tipos de perguntas formuladas (o que de fato se pede que os alunos apresentem como respostas) e os conceitos de ensino e de aprendizagem que se podem deduzir daquela aula. Depois poderá ser feito um debate em classe para confrontar os resultados obtidos. É importante que uma cópia da transcrição e do comentário seja entregue para o professor responsável pela aula que foi gravada – afinal, você não gostaria que

alguém executasse numa aula sua uma espécie de serviço de espionagem.

2) Se a relação pedagógica se configura também como relação com o saber, ela deve estar presente em todos os dispositivos didáticos. Assim, realize uma pesquisa com livros didáticos. Primeiro, é preciso escolher o grau de ensino, para que todos da classe trabalhem mais ou menos na mesma faixa. Depois, selecione uma disciplina ou divida os alunos da classe pelas diferentes disciplinas.

a) Deve-se selecionar um determinado capítulo do livro e examiná-lo atentamente: Como ele apresenta o conhecimento e como ele o torna mais próximo dos leitores? Como ele conduz os leitores para perceber os pontos mais importantes?

b) Em seguida, devem ser observados os exercícios propostos: Que tipo de questões são formuladas? Elas solicitam a localização de informações no texto? Elas apelam para a imaginação ou o raciocínio? Elas exigem informações que precisam ser procuradas em outras fontes? Alguma delas pode ser respondida sem que o aluno tenha que consultar o texto-base?

c) Depois dessa observação com base nesses aspectos, procure responder: que tipo de relação com o saber é proposto naquele capítulo de livro didático? Como você justifica essa resposta?

3) Outro trabalho interessante seria realizar entrevistas com alunos de uma determinada escola, procurando examinar como eles se relacionam com ela, o que eles acham que aprendem nas aulas e fora delas e que importância eles dão para o conhecimento escolar. É importante discutir antes com o professor de Didática e com a classe, para elaborar um roteiro para a entrevista. Ele não deve ter jeito de questionário, mas ser o mais parecido possível com uma conversa mais ou menos informal. Os resultados deverão ser confrontados com os dos colegas e debatidos em classe.

NOTAS

[1] A discussão aqui apresentada se baseia nos estudos do pesquisador inglês Michael Stubbs (cf. Stubbs, 1987).

[2] Idem, p. 142.

[3] A respeito desse tipo de caracterização, conferir G. N. de Mello, 1982, e também E. Barreto, 1981.

[4] Pode-se consultar o artigo de G. Noblit, 1995, pp. 121-37..

[5] A obra clássica que defende essa proposta é de I. Ilich, 1973.

[6] M. André, 1988, pp. 35-41.

[7] B. Charlot, 2001 e 1996, pp. 47-63.

[8] B. Charlot, 2001, p. 17.

A DISCIPLINA: MITOS E CONFLITOS

ENTRE A REPRESSÃO E O AUTOGOVERNO

Nas falas, queixas e representações dos professores sobre o seu trabalho, a disciplina costuma ser pensada como um dos temas mais importantes, decisivo mesmo, para o seu sucesso e para a aprendizagem dos alunos. Embora ela sempre tenha sido uma questão relevante para todos os que se preocuparam com a educação nos últimos séculos, não se pode negar que, nos dias de hoje, a *disciplina* e o seu contrário, a *indisciplina*, têm aparecido para professores, pais e demais educadores como problema vital e difícil de ser resolvido.

No entanto, muitas vezes o senso comum costuma tratar do tema de um modo bastante peculiar, que parece considerar a indisciplina, particularmente, como se fosse um acontecimento externo ao processo pedagógico, como se fosse algo que pudesse ser simplesmente afastado ou isolado do processo de ensino e aprendizagem. Nesse sentido é que se podem entender o aparecimento e a conservação, até os dias de hoje, de diversas estratégias para resolver os problemas da indisciplina na sala de aula mediante a adoção de procedimentos de *exclusão*, que isolam o aluno indisciplinado, retirando-o da classe ou mesmo, em casos mais extremos, expulsando-o da escola.

É descabido, nos dias de hoje, lidar com essas questões com base nesse tipo de proposta, que se inclinou durante muitos anos a impedir o acesso ou a retirar da escola aqueles indivíduos que eram caracterizados como "alunos indisciplinados". O exame mais atento das características atribuídas a essa categoria idealizada de pessoas pode nos levar a concluir que esse aluno indisciplinado, em muitos casos, talvez ostente algumas qualidades pessoais com que um tipo de escola sem compromisso com a democracia não conseguia lidar: atividade, iniciativa, coragem, ousadia, disposição para o debate e o confronto foram muitas vezes traduzidos por mau comportamento, incapacidade de seguir regras e tendências violentas.

Para ir além dessa perspectiva, é preciso começar por esclarecer bem o sentido em que se estará aplicando o termo *disciplina* em relação à escola. Acontece que essa mesma palavra se aplica tanto a uma matéria de estudo quanto a uma regra ou um conjunto de regras que orientam as condutas ou comportamentos em classe ou diante do estudo.

Aqui, vai-se dar maior ênfase ao segundo significado, embora, como se verá mais adiante, ele nunca seja completamente separável dos conteúdos do ensino. O exame da evolução histórica do conceito pode mostrar como se foi passando da antiga noção de disciplina, como algo imposto de fora, para algo que surge de dentro do indivíduo pelo seu consentimento e engajamento no processo escolar.[1]

Já nos inícios da Didática, ainda com Comenius, no século XVII, a noção de disciplina se ligava, de um lado, ao comportamento dos alunos e, de outro, à ordenação do raciocínio e dos conteúdos escolares.

Um primeiro significado que costuma ser atribuído à noção de disciplina é a ideia de *ordem*. Nesse sentido, na tradição filosófica que vem do século XIX, com Comte e os positivistas e que passa também por Durkheim, a disciplina, igualada à ordem, é entendida como um requisito ou como um pressuposto para o pensamento ou para a realização de qualquer atividade racional. É desse modo que se pode entender o lema da bandeira do Brasil, em que a *ordem* aparece como condição necessária para o *progresso*.

Nessa tradição de pensamento, a educação é definida como uma ação racional, ordenada e orientada para um determinado fim: a aprendizagem dos conteúdos e comportamentos necessários para integrar o indivíduo na sociedade. E essa ação só pode acontecer se estiverem presentes as condições necessárias para que ela se instaure, sendo que uma dessas condições é a disciplina. Assim, espera-se que a disciplina já esteja instalada antes que a ação de educar ou instruir possa começar.

Se pensarmos a disciplina dessa maneira, o educador se encontra diante do problema inicial do seu trabalho: *como garantir que a disciplina já exista antes de ter início o processo educativo?* Ou seja, encarada dessa maneira, a disciplina seria, de início, um requisito necessário para o bom desenvolvimento do trabalho pedagógico, mas esse requisito escaparia, em certa medida, do alcance do professor. A disciplina, nesse caso, teria que ser instaurada *antes* da entrada da criança na escola e, depois disso, só restaria para o professor a possibilidade de intervir pontualmente na sala de aula, não no sentido de garantir a disciplina, mas no de evitar a indisciplina.

A primeira maneira de responder essa questão e de (aparentemente) resolver o problema tem sido a de considerar que existem instituições sociais e instâncias da vida infantil que realizariam esse trabalho disciplinar prévio, de modo a preparar as crianças para frequentar a escola, formando os hábitos, comportamentos ou disposições disciplinares indispensáveis para elas poderem se adequar ao novo ambiente.

Os educadores em geral sempre tiveram a tendência de supor que a *família* e a vida familiar se encarregariam dessa tarefa, iniciando as crianças na formação dos chamados bons hábitos e bons comportamentos. É assim que podemos entender as constantes reclamações dos professores de que, hoje em dia, a escola tem que ensinar tudo, até as boas maneiras, e a acusação de que as famílias estariam transferindo a responsabilidade de educar para a escola.

Essa tentativa de resposta, sabemos bem, não dá conta de resolver o problema. Nesse tipo de raciocínio acaba-se operando uma separação radical entre *educar* e *instruir*: supõe-se, desse modo, que a escola e os professores só deveriam encarregar-se da instrução, isto é, de fornecer informações, conteúdos intelectuais, saberes, técnicas e modos de fazer. Por seu lado, caberia às famílias cuidar do comportamento, da moral e da ética. Ora, em primeiro lugar essa separação é impossível de realizar: quem instrui também educa, mesmo que pense que não. Em segundo lugar, ela é indesejável porque só pode trazer perdas para o trabalho da educação escolarizada: se essa separação fosse possível, haveria o risco de reservar para a escola um papel muito reduzido que poderia ser, em alguma medida, substituído com alguma facilidade pelas tecnologias da informação, que cada vez mais põem as informações e as técnicas à disposição das pessoas no mundo de hoje.

Outro problema presente nesse tipo de argumentação se liga ao fato de que aquilo que pode ser pensado como um conjunto de "bons hábitos" necessários para a convivência no lar e na família não corresponde necessariamente ao tipo de disposições requeridas pelo trabalho escolar. As duas instituições lidam com requisitos distintos e realizam atividades diferentes. Desse modo é que se podem entender diversas situações de ruído na comunicação entre a escola e a família: alunos disciplinados não são necessariamente considerados como filhos exemplares do ponto de vista dos pais e vice-versa. Chamados a comparecer à escola em diversas situações, pais e mães por vezes se queixam dos seus filhos aos professores ou, ao contrário, ouvem atônitos os relatos das inconveniências ou das atitudes incorretas por eles praticadas. Do ponto de vista das famílias, a criança ou o jovem são avaliados e julgados em função de suas qualidades e ações ligadas ao espaço doméstico. Já do ponto de vista dos professores, a avaliação subjetiva do caráter se faz em função das suas atitudes como aluno e do seu comportamento manifesto em sala de aula, ligado principalmente às suas relações com o processo de aprendizagem.

Além disso, quando se imagina que a família dá conta da formação disciplinar necessária para que as crianças estejam prontas para aprender na escola, na verdade estão se fazendo um conjunto de suposições sobre o funcionamento das famílias e da sociedade em geral que não são facilmente aceitáveis. O modelo que está presente nessas suposições é o da família centrada na educação dos filhos, que adota os valores da contenção dos instintos e das paixões, da formação dos chamados bons hábitos e do respeito ou submissão à autoridade dos adultos.

Os problemas e as ilusões dessa hipótese são evidentes para todos aqueles que vivem no mundo de hoje. Esse modelo de família assumido como capaz de produzir as "crianças disciplinadas" que se tornariam os "bons alunos" foi, historicamente, o ideal assumido por um pequeno grupo de pessoas nas sociedades ocidentais. Diversos estudos vêm mostrando como esses valores foram predominantes apenas em determinados setores das famílias burguesas da Europa no século xix e parte do século xx e que eles acabaram sendo copiados, em certa medida, por alguns setores das classes médias, que passaram a mandar seus filhos para a escola como maneira de garantir para eles melhores posições na sociedade. Não por coincidência, a escolarização começou no Ocidente justamente pelos filhos dessas camadas sociais. A escola e os professores, desde muito cedo, de certa maneira, se "acostumaram" a lidar com um determinado tipo de criança, formado justamente nos valores do bom comportamento, dos bons hábitos, dos bons costumes. Porém, a escola moderna, que se firma na Europa nas últimas décadas do século xix, passa a ser pensada como uma escola para todos, que deveria estender a instrução e a formação escolar para as mais amplas camadas da população.

As diversas maneiras de organização familiar das classes populares urbanas no Brasil nunca foram muito de acordo com o modelo da família burguesa. Ao contrário da família nuclear, centrada num casal e nos seus filhos, as famílias das classes populares acabaram se estruturando em diversas modalidades. São muito numerosas nos dias de hoje, estatisticamente, famílias monoparentais (isto é, com a presença de apenas um dos membros do casal tradicional), quase sempre lideradas por mulheres e mais próximas do modelo da família extensa, que além de abrigar mãe e filhos incorpora eventuais parentes mais velhos e netos, quase sempre resultado de gestações das filhas adolescentes.

Não se trata de pensar nessa diferença como se ela representasse uma *carência*, uma "falta" ou "desvio" do modelo "correto", embora esse tenha sido, durante muito tempo, o padrão interpretativo presente tanto nos discursos com pretensões científicas quanto nas falas do senso comum.

A existência de outros modelos de família, diferentes daquele que predomina ideologicamente na sociedade, não nos deve levar a pensar que as crianças e jovens provenientes dessas famílias sejam incapazes de desenvolver padrões morais de conduta ou de convivência social. Esses padrões se estruturam nos moldes mais adequados às reais necessidades dessas famílias e dos grupos que com elas convivem mais de perto. Devemos, na escola, estar atentos para não supor padrões de comportamento que não poderiam estar ali, já que se trata de padrões que não vigoram e que não podem vigorar na maioria das famílias de onde vêm os alunos da escola pública brasileira.

As consequências desses desacertos para a disciplina escolar têm mais relação com essas expectativas da escola e dos professores do que exatamente com os padrões de comportamento que os alunos das classes populares trazem para a escola. Fazer menos suposições e trabalhar mais diretamente sobre as questões efetivas que se expressam nas situações de aula permitiria ao professor lidar bem melhor com os tais problemas de indisciplina.

A abertura da escola para os filhos dos trabalhadores não provocou alterações significativas na formação dos educadores e nas suas crenças mais fundamentais sobre o trabalho e a função da escola e do professor. Mas, ao contrário dos professores, os agentes políticos que historicamente formularam a proposta dessa escola de massas, como uma instituição necessária no projeto de construção da sociedade moderna, imaginavam algo bem diferente. Do ponto de vista do projeto defendido, a escola teria que assumir o papel de uma espécie de agente moralizador e modernizador da sociedade ao ensinar para esses novos alunos as regras de convivência social, os bons hábitos e os bons costumes para se manter a unidade ou a coesão social num contexto histórico de grandes mudanças sociais associadas à industrialização e à urbanização.

No caso brasileiro, isso foi bastante discutido nos anos 1920 e 1930, quando os educadores reunidos na Associação Brasileira de Educação (ABE) insistiam no papel moralizador e regenerador da escola primária frente a uma sociedade brasileira que era pensada como amorfa, isto é, desorganizada, sem consistência, sem identidade própria.[2] Pensavam eles que a passagem das crianças das classes populares pela escola primária levaria à divulgação para toda a sociedade dos bons hábitos morais e higiênicos, cumprindo uma espécie de função saneadora dos males do Brasil. Contra a ideia do povo brasileiro anêmico, doente, preguiçoso, representado pela figura do Jeca Tatu, criada por Monteiro Lobato, os educadores da ABE defendiam a extensão da escola primária a todos de maneira a criar um povo novo, educado, moralizado e saudável.

Com essa proposta, imaginava-se que a questão da disciplina se resolveria *na escola*. Se os pais daquelas crianças que agora chegavam ali não tinham os bons hábitos, era preciso regenerar a sociedade mediante a orientação e a conquista das novas gerações. Assim pensada, a disciplina não era suposta como um pré-requisito para o desenvolvimento do trabalho educativo, mas como parte dele, como seu resultado ou até mesmo como seu principal objetivo.

No entanto, essa não se tornou a posição dominante dos educadores a respeito da disciplina e do papel da escola na sua instauração. Em grande medida, continua-se operando, até hoje, com o ideal de um comportamento disciplinar estabelecido previamente, antes da entrada do indivíduo no processo escolar.

A outra maneira de responder à necessidade de existência de um trabalho disciplinar anterior à entrada da criança na escola primária foi e tem sido a ideia de introduzi-la cada vez mais cedo no sistema educativo formal. A suposição é a de que, se as famílias não conseguem educar e disciplinar moralmente de acordo com as exigências da escola, então seria melhor trazer a criança para a escola antes do início do processo da alfabetização e da instrução normal. Com isso, vai-se criar a *pré-escola* (hoje chamada de educação infantil), que será instrumentalizada para "preparar as crianças para a escola". A ideia era a de afastar a criança das suas atividades costumeiras e canalizar as brincadeiras e as atividades infantis espontâneas para a formação dos bons hábitos que seriam exigidos, mais tarde, na educação formal: sentido de ordem, asseio, higiene, conformidade à autoridade dos adultos, obediência, atenção, prontidão para aprender.

Embora confiando ou apostando nessa instrumentação da pré-escola, com o recrutamento precoce das crianças pela instituição escolar ou na pura e simples delegação da tarefa disciplinar às famílias, de qualquer maneira a escola primária não deixou de estabelecer, desde o início, vários mecanismos considerados indispensáveis para a formação dos chamados "bons hábitos" do bom aluno. Isso pode ser percebido nas marcas e nos procedimentos instituídos pela rotina escolar: os uniformes, a fila, o toque de entrada, os horários, o ordenamento das carteiras na sala de aula, as formas de tratamento e de recepção das professoras ("dona", "professora", "tia"; levantar, cumprimentar, retribuir o cumprimento) ou as maneiras de sentar, levantar, falar e controlar o corpo (que inclui os procedimentos ligados aos hábitos sanitários e à sexualidade).

Com essas marcas muito claras, a criança passa a perceber rapidamente que a escola é um *mundo à parte* ou, pelo menos, que ela é um lugar do mundo bastante peculiar, distinto, diferente dos outros lugares em que ela vive. Em princípio, essa demarcação não é necessariamente problemática. É claro que poderíamos pensar que a escola, com esses procedimentos disciplinares, acabaria se comportando como outras instituições totais ou totalizantes, como o exército, o manicômio, a prisão ou o convento. Para alguns autores que seguem as análises do filósofo francês Michel Foucault, o tipo de disciplina que se cria nesses lugares acaba moldando corpos e mentes dóceis a serviço da dominação.[3]

Não se trata de negar esse tipo de análise da disciplina escolar, mas talvez seja melhor suspender provisoriamente esse tipo de considerações para poder avançar um pouco mais na análise do tema e das suas consequências para o trabalho da escola e do professor.

De qualquer maneira, é preciso reconhecer que os excessos do trabalho disciplinar, voltado para a obtenção da *ordem* e que põe a disciplina como pré-requisito para começar o ensino e a aprendizagem, acabam produzindo na escola uma aparência de exagerada *artificialidade*. A consideração da escola como um mundo artificial, separado do mundo da natureza e do restante do mundo social é inevitável. Tanto os chamados educadores tradicionais, como Herbart e Alain, quanto os chamados renovadores, como Dewey, Montessori e Freinet, entre outros, acabaram trabalhando com essa artificialidade.

A escola tradicional insistia (talvez com exagero) na necessidade de demarcar nitidamente a diferença entre a escola e o resto da vida social, como meio de criação de uma disciplina intelectual nas crianças. Esse último aspecto seria bastante valorizado por um tipo de pedagogia racionalista centrada na relevância dos conteúdos e nos modelos culturais, que aparece, por exemplo, em autores como Alain ou Herbart. Nessa concepção, dava-se grande importância aos exercícios escolares, às vezes chamados de "dever". Aliás, essa palavra serve, em algumas regiões do Brasil e também em Portugal, para nomear as tarefas escolares a serem realizadas em casa. Além de ajudarem na fixação dos conhecimentos, os exercícios (ou deveres) eram pensados como uma forma eficaz de controle intelectual, capaz de desenvolver as qualidades e virtudes morais do indivíduo.

A disciplina, desse modo, seria criada mediante a ação propriamente pedagógica ou didática instaurada pelo professor e serviria para a introdução da criança na ordem moral, tanto no plano individual quanto no plano coletivo, já que as mesmas regras e obrigações deveriam valer para todos.

Nessa concepção pedagógica, que mais tarde receberia o qualificativo de *ensino tradicional,* a escola era pensada como o espaço privilegiado em que a criança, afastada da família, passaria a ter contato com os modelos morais mais valorizados socialmente e passaria a interiorizá-los. Para isso, a escola teria que se apresentar como um mundo artificial, separado e diferente do restante da vida social. Assim, ela precisaria marcar muito claramente a distância entre a vida dos adultos e a vida das crianças e, para tanto, instituir fronteiras bastante nítidas entre essas instâncias. O sinal de início e de término das aulas, a fila na entrada do período, a vestimenta própria dos alunos (o uniforme), a padronização de gestos e posturas, os lugares determinados para se ocupar na sala de aula, entre outros, seriam (e, em certos casos, ainda são) alguns dos artifícios utilizados para demarcar as distâncias e, por isso, podem ser compreendidos como mecanismos disciplinares.

Dessa disciplina promovida por mecanismos exteriores à criança vai-se começar a passar para a ideia de uma disciplina que surge do interior, livremente consentida e imposta a si mesmo pela vontade e ação de cada um dos indivíduos. Nas concepções da Escola Nova, a disciplina tem que ser internalizada e, com isso, deve estar ligada aos interesses e às necessidades interiores do aluno. A ideia básica é a de que, se o processo didático permitir a emergência e o desenvolvimento do interesse espontâneo e legítimo das crianças, elas não precisarão ser vigiadas porque estarão naturalmente envolvidas com as atividades escolares. Desse ponto de vista, trata-se de:

> substituir a disciplina exterior pela autorregulação do grupo e do indivíduo – a "disciplina interior livremente consentida". [...] A orientação democrática da educação nova manifesta-se claramente nesta substituição das responsabilidades de ordem: o mestre-monarca destitui-se e deixa o poder de ordem aos discípulos, não por despeito ou impotência, mas por desejo de os colocar em situação funcional de autogoverno.[4]

O ideal da disciplina escolar, portanto, desde o século xx, passa a ser o da *autodisciplina*. Sugere-se repetidamente que o controle disciplinar deve partir de dentro do próprio indivíduo e isso se garante por meio da estruturação de um currículo e de uma didática que se fundamente nos interesses legítimos dos alunos. Esses interesses podem ser entendidos como "naturais", num sentido mais biológico ou psicológico, ou como "sociais", "políticos" ou "de classe", numa versão pedagógica mais política ou social.

No primeiro caso, podemos considerar as proposições de John Dewey. Para ele, o interesse legítimo é aquele que resulta da íntima relação entre o sujeito que conhece e o objeto do conhecimento. No caso da escola, ele surge, portanto, de uma atividade vital e espontânea da criança, que, sendo interrompida por um problema decorrente dessa própria atividade, move-se no sentido de tentar resolver o problema e se apropriar do conhecimento necessário para isso. Desse modo, para Dewey, o interesse só tem sentido se surgir da atividade espontânea da criança. Se o interesse envolvido na atividade escolar fosse genuíno e legítimo, estaria garantida a atenção e a participação ativa do indivíduo no processo de conhecimento, e, portanto, estaria garantida a própria disciplina.

No caso de uma versão de cunho mais social ou político, podemos pensar na pedagogia de Paulo Freire, por exemplo. Nela se propõe que o currículo deve se estruturar a partir da cultura espontânea do educando. Progressivamente, mediante o processo do diálogo com os outros educandos, com o educador e com a cultura, desenvolve-se uma tomada de consciência, e o educando supera seu estado inicial de consciência espontânea, imediata e não elaborada. Nesse processo de conscientização e de conhecimento de si e dos outros mediado pela cultura, o indivíduo se envolve com o que faz e se apropria das ferramentas da cultura letrada para melhor compreender a si mesmo e à sociedade e para poder, em seguida, participar da sua transformação.

Para Paulo Freire, nesse sentido, a disciplina não deixa de ser considerada como uma necessidade do processo pedagógico, mas ela só pode se legitimar se surgir do próprio indivíduo. Nas suas palavras:

> Eu começaria por dizer que, para mim, toda disciplina envolve autodisciplina. Não há disciplina que não gere ao mesmo tempo o movimento de dentro para fora, como não há uma disciplina verdadeira se não há a capacidade. O sujeito da disciplina tem de se disciplinar. Eu diria que há duas disciplinas, em relação às vezes contraditória, que marcam a diferença com a indisciplina. Quer dizer, na indisciplina tu não tens autodisciplina nem disciplina. Quer dizer, a indisciplina é a licenciosidade, é o fazer o que quero, porque quero.
>
> A disciplina é o fazer o que posso, o que devo e o que preciso fazer. Fazer o que é possível na disciplina, tornar possível o que agora é impossível diz respeito necessariamente à vida interior da pessoa. É assim que eu vejo o movimento interno e externo da disciplina. E para isso acho que a presença da autoridade é absolutamente indispensável.[5]

Tanto a Escola Nova quanto outras proposições didáticas que se puseram contra aquilo que chamavam de *ensino tradicional*, apesar de apostarem na continuidade da experiência entre a vida da criança dentro e fora da escola, sempre procuraram construir a escola, de um modo ou de outro, como um meio social simulado ou em miniatura, que é, portanto, em alguma medida, artificial.

Como mostram Inés Dussel e Marcelo Caruso, nem mesmo as propostas renovadoras abdicaram da necessidade de manutenção, em algum grau, dessa artificialidade da escola, conquistada, em parte, mediante um conjunto de procedimentos disciplinares:

> Os reformadores da escola nova viam-se a si mesmos como advogados da criança, como responsáveis por sua liberação. [...] A escola nova mais "regulava" do que "controlava", mas, em ambos os casos, se encontrava na escola porque era uma "obrigação". Esqueceu o caráter obrigatório da escola e quis transformá-lo em uma questão de novas técnicas, de novas propostas. [...] Este movimento encontrou eco em todos os descontentes com a situação predominante nas escolas. Entretanto, muitos perderam de vista o fato de que não é a técnica por si só o que define os acontecimentos na sala de aula. Após o anúncio da liberação das crianças das amarras da antiga pedagogia, inventaram-se novos constrangimentos, mais sofisticados, mais modernizados, que não deixavam de ser regulações e atos de poder.[6]

O exagero dessa marca da artificialidade da escola em relação ao mundo exterior pode, é claro, conduzir ao desvio das funções eventualmente positivas da disciplina. Muitas vezes, nas falas e nas práticas dos professores surge uma espécie de utopia que acaba associando a disciplina escolar com a ausência de movimento e de som. É assim que se forma a imagem perversa de uma classe estática, silenciosa, em que as crianças só falam e só se movem quando são provocadas e autorizadas pelo professor. Isso permite a criação e a difusão de um conjunto de imagens ou de representações da escola como um lugar de opressão, de controle e de falta de espontaneidade, como um lugar em que as crianças são meramente adestradas para se tornarem pessoas "bem comportadas" e cidadãos produtivos, os quais simplesmente contribuiriam para a reprodução da sociedade do modo como ela é hoje. Essas imagens circulam pelos mais diversos meios, inclusive pela literatura, pelo cinema e pela televisão.

Às vezes essas representações, em especial as dos filmes de Hollywood, apresentam uma situação inicial de carência ou de falta: de regras (desregramento), de ordem (desordem), de disciplina (indisciplina). Nesse caso, costuma aparecer a figura de um determinado professor que se transforma numa espécie de herói solitário e redentor e que, ao cativar os alunos, (re)introduz a ordem e a disciplina, preenchendo novamente os vazios das carências. Essa nova disciplina é quase sempre renegociada em outros termos e permite a retomada do processo de ensino e aprendizagem. Isso mantém a representação dominante de que a disciplina é mesmo um pré-requisito para que aconteça a educação.

Nessa mesma linha, podem ser interpretadas algumas análises que entendem o tema da disciplina pelo seu inverso, o da *indisciplina*. Esse tema vem sendo objeto de estudos no campo das Ciências Sociais, que têm procurado entender as manifestações da indisciplina e da violência no mundo escolar *em conexão* ou *como expressão* de conflitos mais complexos que estão presentes na sociedade.

Outras análises derivadas do campo da Psicologia procuram situar as origens e as soluções dos problemas no plano das relações interpessoais. Nesses estudos, tem havido insistência no papel do professor como o agente responsável pela instauração e manutenção do clima favorável para a criação de relações pedagógicas pautadas pela disciplina.

Júlio Groppa Aquino chega a afirmar que a indisciplina deveria ser entendida como um sintoma de uma relação pedagógica desnaturada, em que o professor não consegue sustentar ou impor os parâmetros éticos necessários para a manutenção do ambiente educativo adequado para o desenvolvimento do processo de ensino e aprendizagem. Para ele:

> Nesse sentido, a indisciplina parece ser uma resposta clara ao abandono ou à habilidade das funções docentes em sala de aula, porque é só a partir de seu papel evidenciado concretamente na ação em sala de aula que eles podem ter clareza quanto ao seu próprio papel de aluno, complementar ao de professor. Afinal, as atitudes de nossos alunos são um pouco a imagem de nossas próprias atitudes. [...] Por essa razão, talvez se possa entender a indisciplina como energia desperdiçada, sem um alvo preciso ao qual se fixar, e como uma resposta, portanto, ao que se oferta ao aluno. Enfim, a indisciplina do aluno pode ser compreendida como uma espécie de termômetro da própria relação do professor com seu campo de trabalho, seu papel e suas funções.[7]

Em todas essas formulações, a disciplina vem associada, de um lado, ao aluno e ao seu *comportamento* (dimensão psicossocial ou individual) e, de outro lado, ao professor e à sua maior ou menor capacidade de imposição ou negociação da sua *autoridade.*

A filósofa alemã Hannah Arendt afirma que, nas sociedades tradicionais, antes da modernidade, a autoridade do professor assentava-se sobre os mesmos pontos da autoridade em geral, isto é, na ideia de que o professor era um representante da sociedade, da sua tradição e do seu passado diante dos alunos, os jovens para quem a vida seria apresentada na escola. Para essa autora, a crise desses fundamentos na modernidade teria deixado o professor como uma espécie de último representante desse tipo de autoridade tradicional.[8]

A própria Hannah Arendt nos lembra, em outro texto, e todos nós sabemos por experiência própria, o quanto esse tipo de autoridade foi contestada desde os anos 1960.[9] A partir desse momento, a juventude pôde, pela primeira vez, aparecer como um agente social importante que não podia mais ser ignorado pela política, pelo Estado e até mesmo pelas empresas e pelo mercado, já que os jovens (e depois as crianças) também passaram a tomar decisões sobre o consumo de mercadorias, ou pelo menos passaram a ter alguma influência sobre elas.

Essa crise da autoridade no mundo atual leva à necessidade de um constante processo de renegociação da legitimidade da escola e do professor diante dos alunos. É uma situação vivida no cotidiano escolar, repetidamente, a cada início de ano letivo e mesmo, em muitos casos, diariamente, a cada aula. Os professores percebem isso muito claramente no seu trabalho. Não é mais possível impor conteúdos e métodos de ensino baseados na suposição de que as crianças e os jovens vão aceitá-los automaticamente, apenas porque o professor teoricamente "sabe mais" ou é uma "autoridade".

No entanto, embora percebam isso, os professores se alimentam de uma *ilusão essencial* que faz parte da sua formação profissional. Nessa ilusão, a escola e o saber escolar são apresentados como meio ou instrumento de ascensão social. Assim, os professores pretendem fundar sua autoridade pessoal, ou pelo menos a autoridade da escola, na ideia de que aquilo a escola ensina vai ser fundamental para garantir melhores empregos e melhores posições dos indivíduos na sociedade. Surgem, assim, diversas falas como:

"é preciso estudar para ser alguém na vida", ou "isso que eu vou ensinar agora é importante para o vestibular" e outras conversas do tipo.

Claramente, os alunos das classes populares percebem a falsidade dessas afirmações. A realidade que os cerca mostra alarmantes índices de desemprego, que também atingem as pessoas mais escolarizadas. As oportunidades oferecidas a esses jovens costumam se resumir numa escolaridade empobrecida nos conteúdos, uma formação de segunda categoria, que nem os forma adequadamente para os inúmeros desafios da vida e da cidadania no mundo contemporâneo nem os habilita a ocupar funções profissionais que exijam mais qualificação. Se não temos mais, no Brasil, de maneira tão gritante, aquele tipo de exclusão que prevalecia há algumas décadas e que simplesmente deixava de fora da escola um grande número de crianças por falta de vagas, criou-se ou perpetuou-se um outro tipo de exclusão que deriva de um ensino de baixa qualidade e que é oferecido, com raras exceções, na rede pública.

É desse modo que tentar fundar a autoridade e, portanto, a disciplina escolar nas possibilidades de ascensão social propiciadas pela escola não passa de ilusão. Os professores e os alunos precisam renegociar as condições de uma escolarização que tenha significado real na vida dos alunos e que possa contribuir para a transformação das suas condições de vida e de sociabilidade.

A GESTÃO DA DISCIPLINA

Em análises mais recentes do tema da disciplina, têm surgido outras possibilidades de compreensão dos problemas envolvidos na questão. De um lado, destaca-se a ideia de que é necessário reconstruir a identidade do professor de maneira que ele possa conduzir sua atividade no sentido da instituição do autogoverno dos alunos ou da autodisciplina. De outro lado, aponta-se a necessidade de se considerar o professor como um profissional que deve ser capacitado para ser o *gestor* da disciplina e do processo de ensino e aprendizagem. Nos dois casos, a questão da disciplina se desloca do aluno para a instituição escolar e, em especial, para o professor como o principal agente dessa instituição.

132 DIDÁTICA

Em algumas versões mais contemporâneas, tem-se procurado transformar a disciplina num dos conteúdos do ensino, como uma das competências centrais que a escola deveria criar nos alunos. Para o psicólogo brasileiro Lino de Macedo, "disciplina é uma competência escolar que as crianças aprendem como qualquer conteúdo. Condição para realizar um trabalho com êxito é uma matéria interdisciplinar, porque dela dependem todas as outras".[10]

Para a estudiosa espanhola Concepción Gotzens, a discussão da disciplina sempre envolve o tema do *controle* do comportamento dos alunos. Para ela, é possível perceber duas posturas básicas nas propostas pedagógicas em torno do tema. Há os que defendem uma ação deliberada de modificação das condutas mediante a imposição de um conjunto de normas, e há aqueles que buscam essa mesma modificação mediante uma estratégia de convencimento.[11]

Nos dois casos, mantém-se a mesma ideia a respeito da função da disciplina escolar: ela deve se voltar para a modificação do comportamento do aluno, para adequá-lo ou ajustá-lo às exigências da instituição escolar. Para a autora, como a disciplina está intimamente associada aos objetivos do ensino, garantindo condições mínimas para que esses objetivos sejam alcançados, trata-se de adotar uma postura de *prevenção*, muito mais eficiente do que uma postura repressiva em relação à disciplina.

Na medida em que a disciplina tem um valor ou um papel no processo de socialização dos alunos, ela vai variar de acordo com o maior ou menor peso atribuído, em cada sistema educacional e em cada momento histórico, às funções de socialização e conservação ou às funções de mudança social. A maior ênfase na socialização implica orientações disciplinares mais dirigidas para o controle, enquanto a maior ênfase nas perspectivas de mudança associase a uma disciplina em que predomina a autonomia, com menor destaque para a vigilância.

Para Gotzens, o professor tem uma atuação muito importante na regulação da disciplina em sala de aula na medida em que ela se estabelece em meio às diversas interações pessoais ocorridas naquele ambiente. O professor, como participante e, mais, como *mediador* da dinâmica dessas interações, acaba exercendo um papel decisivo.

A disciplina na escola e na sala de aula é uma das questões e um dos temas do ensino para os quais os professores menos se preparam em termos de formação e de conhecimentos prévios. Nesse sentido, embora seja um ponto reconhecidamente vital para o bom desempenho da profissão, a disciplina se configura como um conjunto de problemas que aparentemente só poderiam ser resolvidos por meio do apelo aos saberes adquiridos pelos docentes no decorrer da sua prática.

Pensando na possibilidade de instauração de uma postura preventiva em relação ao tema e aos problemas da disciplina, Gotzens sugere que a ação disciplinar se exerce em três modalidades de procedimentos:

1. Planejamento da ordem;
2. Estabelecimento de ajustes;
3. Intervenção pontual para resolver problemas localizados e alterar situações complicadas.

A autora propõe, então, que o professor se prepare para ser um gestor das condições de ensino (não um mero executor de tarefas) e, portanto, para ser um *gestor da disciplina,* funcionando como mediador entre as normas disciplinares gerais da escola e as normas particulares de cada grupo de ensino.

Nesse sentido, é preciso realçar a necessidade de o professor atuar no campo da disciplina com alguma flexibilidade. A experiência acumulada pelos professores bem-sucedidos tem mostrado o quanto as normas disciplinares gerais precisam ser muitas vezes adaptadas ao grupo particular que compõe cada sala de aula. Não se trata de criar privilégios ou exceções, pois é importante que as regras fiquem claras e possam ser generalizáveis para todos. Mas trata-se de negociar os limites daquilo que é aceitável ou tolerável em cada contexto específico. Por exemplo, a aplicação da norma geral de não se falar sem ser interpelado ou sem autorização, embora pareça ser fruto do puro bom senso, nem sempre é conveniente. Em diversas situações, as necessidades ligadas à consecução dos objetivos do ensino indicam que a conversa reservada ou, por vezes, até mesmo a conversa generalizada entre os alunos pode ser uma solução importante para diversos problemas. Eventualmente, dois colegas chegam a esclarecer entre si alguns pontos específicos ou certas passagens complicadas do enunciado de determinados exercícios, por exemplo, de modo mais breve e eficaz do que seria requerido pela intervenção do professor. Em outros casos, a conversa reservada em classe pode funcionar como controle informal do grupo sobre um ou mais indivíduos que procuram desviar a atenção do assunto discutido na aula. Por fim, muitas vezes, a conversa pode servir como mecanismo de rebaixamento do nível de tensões e facilitar a retomada do conteúdo no instante seguinte.

Em qualquer um desses casos, a aplicação estrita da regra geral tornaria a situação didática muito mais conflituosa e não contribuiria para tornar mais acessíveis aos alunos as tarefas a realizar e o assunto a compreender. Importa, em cada caso, considerar o grupo específico de alunos com que se está trabalhando e conhecer os seus modos de agir e de reagir a determinados procedimentos. Também importa levar em conta a situação específica em que a norma está sendo negociada, já que nem todas as aulas são iguais ou livremente intercambiáveis: a primeira aula do dia suscita reações e comportamentos diferentes da última, a iminência de um fim de semana prolongado pode introduzir fatores de perturbação que nem sempre estão presentes numa aula de meio de semana, por exemplo.

Além de tudo isso, é necessário considerar que algumas situações particulares podem fugir do controle ou da previsão tanto das normas gerais quanto das normas mais ou menos informais vigentes no grupo. Há determinados comportamentos individuais, por exemplo, que escapam do âmbito da disciplina escolar e que não podem ser resolvidos muito facilmente dentro da sala de aula.

Portanto, é conveniente evitar a confusão entre o tema da gestão da disciplina e a questão da violência da escola. Não se trata, é claro, de propor um isolamento da escola em relação aos problemas mais amplos da sociedade, entre eles a violência. Trata-se, no entanto, de admitir que, em grande medida, esses problemas transcendem os limites das ações possíveis no âmbito da relação pedagógica ou mesmo no âmbito mais propriamente escolar e demandariam ações bem mais amplas no plano social, nas quais a escola poderá participar, mas em que talvez ela nem possa exercer papel dominante, pois seria exigido o envolvimento das famílias e de diversos organismos estatais e não estatais.

No âmbito propriamente escolar, a disciplina é tema afeito aos alunos e aos professores, no contexto de cada grupo de ensino específico. O professor pode e deve ter papel ativo na mediação e negociação das normas e na administração do seu efetivo cumprimento, mas é preciso, ao mesmo tempo, que esse profissional diminua o seu sentimento de onipotência ou o seu desejo de resolver todos os problemas. Ser professor significa exercer uma profissão que tem um campo de atuação específico, que não se esgota na sala de aula, mas que tem nela o seu lugar privilegiado. Imaginar-se como o responsável por tudo o que afeta a vida dos alunos pode levar à tomada de decisões equivocadas. Como consequência, esse comportamento pode fazer surgir um conjunto de sentimentos de frustração e de impotência que acaba afetando a autoimagem profissional coletiva e individual dos professores, levando-os muitas vezes a se imaginarem como incapazes de realizar bem o seu trabalho.

A DISCIPLINA E O OBJETO DO CONHECIMENTO

Estivemos, até aqui, examinando vários aspectos de uma mesma dimensão da ideia de disciplina: aquela que se ocupa da instauração e regulação dos procedimentos e comportamentos que permitam a produção daquilo que poderíamos chamar de ambiente ou *clima* propício ao ensino e à aprendizagem.

No entanto, talvez fosse possível ir além e propor a consideração de outro aspecto: a disciplina pensada do ponto de vista dos mecanismos que possibilitem ao indivíduo que quer aprender (no caso, o aluno) dominar e se apropriar do seu objeto de conhecimento, da sua matéria de estudo. Deve-se pensar, portanto, numa dimensão em que a disciplina não seja apenas *condição prévia* para o conhecimento (aquilo que chamamos de clima), mas se torne *necessidade objetiva* derivada do próprio objeto de estudo, que acaba impondo ao sujeito suas próprias regras de apropriação e seus próprios limites.

Essa posição é expressa por Carlos Eduardo Guimarães, que defende a ideia de que conhecer é algo que vai muito além de saber um conjunto de proposições sobre um determinado objeto, isto é, vai além de dominar um conjunto de informações sobre um assunto.[12] Dominar a matéria na sua totalidade, nesse sentido específico, significa incorporar, como resultado da aprendizagem, a sua própria organização lógica, de tal modo que aprender História, Matemática ou Ciências, por exemplo, passe a significar *pensar* de modo histórico, matemático ou científico.

Para tanto, o autor propõe que o objeto do conhecimento (a matéria a ser dominada) seja encarado como um *obstáculo* a ser superado. A comparação que ele faz é com a atividade do escultor: o artista precisa, de início, submeter-se ao seu objeto, subordinar-se a ele, conhecer completamente o material com que vai trabalhar, as resistências que ele pode oferecer à ferramenta, os limites que ele impõe e estabelece para a criação artística. Somente depois dessa compreensão totalizante, em que, de início, se põe o objeto como dificuldade, é que o obstáculo poderá ser superado:

> Importante é que o aluno experimente o obstáculo, que sinta o difícil – só assim verá a necessidade de adequar-se, de limitar-se aos processos que a matéria sugere. Deste modo, o obstáculo é formativo, como o é para o artista. Sem o obstáculo, sem o difícil, a necessidade de disciplina não se manifesta, e toda possibilidade de compreensão é frustrada.[13]

Na opinião de Guimarães, o professor precisa apostar na capacidade do aluno, ressaltando desde o início o caráter difícil da matéria e desistindo de encontrar facilidades e atalhos. Deve apontar para o aluno o que a matéria vai exigir dele, de modo que ele possa adquirir as formas de pensar inerentes àquele objeto. Isso contribuirá para instaurar a disciplina necessária para que o domínio do objeto pelo aluno se efetive.

Pensar a disciplina dessa maneira, encarando-a como necessidade derivada do processo de domínio de um determinado objeto, implica reconsiderar algumas ideias normalmente repetidas sobre o tema. Em primeiro lugar, é preciso perceber que, desse ponto de vista, a disciplina não é algo que se instaura antes do processo de conhecimento. Ela é inseparável dele, não vem antes do aprender, mas é um dos componentes necessários e indispensáveis do estudo e da aprendizagem.

Em segundo lugar, trata-se de admitir que a disciplina não é algo que se prende exclusivamente a aspectos ligados aos comportamentos. Pelo contrário, ela se remete a algo que vai muito além das questões relativas à psicologia do indivíduo ou das relações interpessoais e abrange uma dimensão cognitiva que nem sempre é destacada. Examinada dessa perspectiva, a disciplina depende intimamente do conteúdo do ensino e das suas particularidades, e não se prende exclusivamente ao ambiente ou clima em que esse ensino transcorre.

O QUE FAZER COM A DISCIPLINA?

Tanto se a pensarmos com base na sua dimensão comportamental quanto se a considerarmos do ponto de vista da sua dimensão cognitiva, a disciplina tem que ser reconhecida como uma questão central do ensino, cuja discussão é indispensável para todos aqueles que querem compreender melhor o que se passa dentro das salas de aula. Como decorrência dessa constatação, é importante admitir que o docente precisa se formar para compreender, dominar e lidar com o tema e com as inúmeras questões e problemas que dele derivam.

Nesse sentido, os professores e professoras devem começar a tematizar as questões e situações ligadas à disciplina e à indisciplina já nos cursos de formação inicial, nas mais diversas disciplinas que deles fazem parte. Diversos procedimentos poderiam ajudar nessa tarefa, como aqueles ligados à observação de situações de aula, com particular atenção às questões disciplinares, o que pode ser feito durante os estágios. Outro modo de lidar com isso nos cursos seria por meio do exame de relatos já realizados a respeito de diversas situações de aula, propondo-os nas aulas como estudos de caso que permitam discussões entre os professores em formação.

Não é propósito deste livro oferecer soluções prontas para serem aplicadas a respeito de cada um dos temas e problemas aqui discutidos. A opção feita foi a de apresentar aos professores em formação um balanço das questões de ensino, na esperança de que eles possam futuramente, no exercício da sua atividade profissional e em contato com seus alunos e com seus colegas, encontrar as soluções mais adequadas para cada um dos problemas ou situações específicas que eles precisem resolver.

O tema da disciplina e da indisciplina aparece hoje como tão preocupante para a maioria dos professores que eles não parecem se satisfazer com uma orientação desse tipo, tão aberta. Diante dos problemas apresentados e do que dizem as diversas posições a respeito, parece restar um sentimento de insatisfação: *"No fim das contas, o que eu devo fazer para que os meus alunos se comportem bem ou sejam disciplinados?"*.

Diversas soluções têm sido apontadas, tanto com base nos estudos pedagógicos mais diversos quanto, e principalmente, com base na grande quantidade de saberes docentes acumulados pela experiência dos mais diversos professores. Nesse sentido, é possível, portanto, indicar algumas dessas soluções mais ou menos consensuais, desde que os leitores levem em conta que mesmo elas não oferecem respostas prontas para o uso nem receitas infalíveis a serem aplicadas em qualquer situação.

Em primeiro lugar, é preciso não perder de vista que o professor exerce um papel decisivo na gestão dos problemas ligados à disciplina. No âmbito do grupo de ensino que se reúne cotidianamente na sala de aula, ele costuma ser reconhecido pelos alunos como uma *liderança*. Nem sempre isso acontece de modo automático, principalmente com alunos mais velhos, mas parece que ser professor exige algumas características pessoais que permitam exercer esse papel. Admitir isso não implica pensar que só existam lideranças de tipo autoritário. Historicamente, é possível observar a emergência de diversos tipos de líderes que ostentavam qualidades muito distintas. Basta pensar em exemplos como os de Mahatma Gandi ou de Nelson Mandela para entender que a liderança pode se assentar sobre um tipo de autoridade que não precisa necessariamente recorrer à violência.

Com isso, quer-se destacar que os perfis de liderança são muito diversificados e, portanto, os perfis de professor ou professora também o serão. O importante é que cada docente consiga perceber as suas qualidades pessoais e o seu perfil próprio mediante um processo de autoanálise e de reflexão com base na experiência de situações vividas na sala de aula.

A liderança e a autoridade do professor tenderão a ser mais facilmente confirmadas pelos alunos se ele adotar procedimentos claros em relação às regras e tratar a todos com *equanimidade* – o princípio de que as normas, uma vez reconhecidas como legítimas e adotadas pelo grupo, devem valer para todos, inclusive para o próprio docente.

Do ponto de vista dos procedimentos didáticos, das maneiras de ensinar, é importante que a aula seja bem estruturada, e que os alunos saibam previamente o que se vai fazer naquele dia e o que se espera que eles consigam com aquela atividade. Desse modo, estabelecido e apresentado o *plano de aula*, costuma-se reduzir consideravelmente o nível das tensões e expectativas que costumam cercar a realização das atividades escolares, principalmente quando elas introduzem algum aspecto novo em relação ao que se vinha fazendo até então.

Outro modo de atingir esse mesmo resultado relaciona-se ao estabelecimento de uma *rotina* da aula. Muitas vezes criticados pela pedagogia moderna, os procedimentos padronizados, as atividades que se repetem sempre do mesmo jeito, costumam garantir que os alunos possam empregar a melhor parte das suas energias, capacidades e atenções àquela atividade ou ao conteúdo da aula que de fato represente uma novidade e que possa oferecer maior dificuldade naquele momento. Assim, o estabelecimento de algumas rotinas ligadas, por exemplo, às maneiras de se ler um texto, de acordo com etapas de leitura previamente assimiladas, ou de realizar anotações na lousa ou no caderno tende a tornar as atividades escolares mais claras e mais fáceis de serem compreendidas.

Na realização de discussões coletivas, debates ou outras atividades em que a palavra será tomada alternativamente por diversas pessoas na aula, também é possível ir estabelecendo, aos poucos, em acordo entre professor e alunos, certos padrões e certas rotinas sobre como se pede a palavra ou sobre quem se encarrega de controlar o revezamento e o tempo de fala de cada um.

Em relação à administração das regras disciplinares, tem prevalecido entre muitos professores e professoras a ideia do *contrato pedagógico*. Por meio de procedimentos os mais diversos, trata-se de estabelecer um conjunto de normas que possam ser aceitas e funcionar no âmbito de uma sala de aula com um grupo de ensino específico. É claro que não há, em princípio, receitas pré-determinadas de como instaurar a negociação desse contrato, cuja implantação resultará do complexo jogo de influências, atitudes, lideranças e poderes que se estabelecerem em cada caso particular. No entanto, a admissão dessa espécie de pacto parece ser um modo proveitoso de intermediação entre as normas gerais do sistema e da unidade escolar e aquelas que pautarão as ações no âmbito da sala de aula, no sentido que já foi comentado anteriormente.

A ideia de atribuir algum papel às crianças e aos jovens na determinação das normas disciplinares não é nova e já estava presente nos estudos de Piaget, por exemplo, que observou como até mesmo as crianças pequenas conseguem, nos seus jogos e brincadeiras coletivas, negociar, aceitar e implementar os mais diversos tipos de regras. A negociação e discussão das regras no âmbito da sala de aula parece ser um momento pedagógico bastante significativo, em que todos os participantes têm muito a aprender, inclusive os docentes.

ATIVIDADES PROPOSTAS

1) Cada aluno deverá relatar por escrito um caso de indisciplina que tenha vivido em sala de aula, seja como participante, seja como observador. Esses casos deverão ser lidos e debatidos em pequenos grupos, procurando se estabelecer os pontos em comum, as diferenças, as soluções adotadas pelo professor, pelo grupo ou pela escola e as soluções sugeridas pelo grupo, caso não concorde com as soluções realmente executadas. Por fim, deverá ser realizado um debate mais amplo, em que

um relator de cada grupo apresente uma síntese dos casos e das soluções debatidas.

2) Procure discutir com os colegas as seguintes questões:

a) Nos debates e trabalhos em grupo que se realizam na sua classe, como costumam ser determinadas as regras?

b) Como cada um dos integrantes do grupo pode participar, quem pode falar e em que ordem? Quem coordena os debates?

c) Em que medida os grupos exercem uma autorregulação ou em que medida eles ficam esperando as ordens da professora ou do professor?

d) Será que isso tem relação com o que você leu neste capítulo?

3) Sua professora ou professor de Didática deverá sugerir exercícios de observação de salas de aula que poderão ser realizadas como atividades de estágio. Procure estabelecer um roteiro que permita a construção de relatos para examinar de que maneira as questões da disciplina são tratadas em cada caso observado. Esses relatos poderão se transformar numa espécie de acervo ou de arquivo de casos que servirão como fontes de estudo tanto para você quanto para outros colegas. Da mesma maneira, é possível investigar relatos de casos também em livros e artigos de revistas. Tanto sobre esse tema quanto sobre os demais assuntos ligados à prática docente, será muito útil ir compondo esse acervo de estudos, documentos e casos que poderão orientar futuras discussões durante o curso e durante o desenvolvimento futuro da sua carreira profissional. Será muito melhor ter o que dizer e pensar nas reuniões pedagógicas do que se ocupar de trivialidades que muitas vezes acabam tomando esse espaço que poderia ser tão importante para o trabalho pedagógico realizado nas escolas.

Notas

[1] H. C. Chamlian, 2001, pp. 75-93.

[2] Conferir M. Carvalho, 1989.

[3] Um trabalho muito proveitoso para entender essa perspectiva foi escrito por dois estudiosos argentinos e publicado no Brasil (cf. I. Dussel e M. Caruso, 2003).

[4] R. Gilbert, 1983, p. 106.

[5] P. Freire, 1989, p. 12.

6 I. Dussel e M. Caruso, 2003, p. 224.

7 J. G. Aquino, 1998, p. 194.

8 H. Arendt, 1979.

9 H. Arendt, 1973.

10 L. de Macedo, 2005, p. 24.

11 C. Gotzens, 2003.

12 C. E. Guimarães, 1982, pp. 33-9.

13 Idem, p. 38.

A AVALIAÇÃO: RESULTADOS E ORIENTAÇÕES DO ENSINO E DA APRENDIZAGEM

Toda a maneira como a sociedade entende o ensino e a escola vem passando por grandes transformações nas últimas décadas e, com isso, torna-se cada vez mais urgente rediscutir e modificar os procedimentos da avaliação dos resultados do ensino e da aprendizagem até hoje predominantes.

Até algum tempo atrás, a escola cumpria um papel claramente seletivo. Tratava-se, mesmo na escola pública, de produzir e selecionar aqueles que seriam os componentes das futuras elites intelectuais e dirigentes do país, além dos quadros burocráticos e executivos da administração pública e das empresas. Nesse caso, mesmo se proclamando como escola universal, aberta para todos, na verdade a organização do sistema escolar estava voltada para a seleção dos assim chamados "melhores alunos".

Assim, as práticas da avaliação nesse tipo de escola eram coerentemente voltadas para a criação ou o reforço de hierarquias e de classificações dos indivíduos. Os resultados eram a exclusão da grande maioria e a seleção de um pequeno grupo de alunos que teriam sucesso, ou seja, concluiriam o primário e o secundário e conseguiriam chegar até a universidade.

No entanto, quase subterraneamente, veio-se produzindo uma transformação radical nesse quadro. As pressões sociais cada vez mais fortes das classes médias e, depois, das classes populares para que esse sistema escolar abrisse suas portas a seus filhos acabaram atenuando o rigor dos mecanismos de entrada e ampliando o número de vagas. No Brasil, no início dos anos 1970, aboliu-se o exame de admissão que selecionava os alunos para o antigo curso ginasial. Quase ao mesmo tempo, unificaram-se os oito primeiros anos da escolaridade, transformando-os no ensino de 1º grau (hoje, ensino fundamental), que se tornou obrigatório para todos os indivíduos entre 7 e 14 anos de idade.

Embora os mecanismos de entrada no sistema tenham se democratizado, não houve de início a mesma repercussão quanto aos mecanismos de saída. Apenas um número reduzido de alunos cursava todos os oito anos obrigatórios e conseguia chegar ao 2º grau, cuja conclusão habilitaria para o ingresso no curso superior. Diversas medidas foram tomadas para atenuar os processos de exclusão promovidos dentro do sistema escolar brasileiro: introdução ou reforço da merenda escolar, fornecimento de parte do material didático, em especial dos livros, abolição ou fornecimento gratuito dos uniformes escolares, entre outras providências. Essas medidas, no entanto, não tocavam no núcleo do processo de ensino e de aprendizagem e não tocavam, em especial, nos procedimentos da avaliação do desempenho dos alunos. Apenas nos anos 1980 começaram a ser experimentadas algumas intervenções no processo pedagógico e surgiram discussões sobre como a avaliação poderia ser uma das responsáveis pelo fracasso escolar de grande parte dos alunos.

A primeira medida mais consistente foi a implantação, em meados dos anos 1980, na rede pública paulista, do chamado Ciclo Básico. Por essa medida, foram reunidas as duas primeiras séries da escolaridade obrigatória num único ciclo, numa tentativa preliminar de rompimento da seriação tradicional. A intenção era intervir no momento inicial da alfabetização, que era estatisticamente quando se produzia a maior exclusão, na medida em que cerca de dois terços das crianças não conseguiam avançar além da 1ª série, seja pela repetência, seja pela evasão. Permitindo que a decisão sobre a continuidade dos estudos dessas crianças fosse tomada num período de tempo maior, pensava-se que seria possível respeitar melhor a diversidade de ritmos pessoais de aprendizagem de cada criança.

Durante a década de 1990, as discussões sobre os mecanismos de exclusão e os procedimentos de avaliação se multiplicaram, e, nos dias de hoje, todos falam sobre a inclusão, a progressão continuada, o reforço escolar, a recuperação contínua e outros procedimentos destinados a enfrentar o problema do fracasso e da exclusão. No entanto, a força da lembrança da escola seletiva ainda é muito poderosa, manifestando-se, às vezes, também entre os professores e professoras como uma espécie de saudosismo: "antigamente, sim, a escola era boa, os alunos tinham que se esforçar e estudar muito, era muito difícil passar de ano"...

Numa concepção de escola para todos, de escola pública como uma obrigação, mas também como um direito fundamental que permite a existência da sociedade democrática, a avaliação tem que ser repensada. Vivemos hoje, portanto, num momento de grandes tensões e contradições entre duas lógicas distintas da avaliação. Na escola democrática, a avaliação precisa ser compreendida como parte indispensável do processo de ensino e de aprendizagem e como mecanismo essencial que permite, tanto aos professores quanto aos alunos, *reorientar as suas ações* de maneira a garantir a aprendizagem para os alunos. No entanto, essa concepção tem que enfrentar o poder das representações firmadas durante os longos anos de vigência da escola seletiva, em que a avaliação tem funcionado como *instrumento de classificação* e de criação ou reforço das hierarquias individuais e sociais.

AS REPRESENTAÇÕES DA AVALIAÇÃO

De tudo o que acontece na escola, no ensino e na aprendizagem, aquilo que parece ser mais imediatamente lembrado são os mecanismos e as consequências da avaliação. As memórias dos tempos escolares são muito marcadas pelas lembranças das provas ou exames, momentos quase sempre muito sérios, em que era necessário até mesmo adotar uma postura corporal e mental diferente das aulas ditas normais: sentar-se direito, não conversar com os colegas, não olhar para os lados nem permitir que suas respostas fossem observadas. Também, por vezes, os lugares habituais dos alunos eram alterados, a distância entre as carteiras era controlada, sobre a mesa só restavam materiais permitidos, raramente sendo possível consultar materiais didáticos auxiliares. Nessas ocasiões, ao contrário da maioria das aulas, não era possível se estender além do momento do sinal. E também ocorria outra mudança sensível: a professora ou o professor não podia ou não queria ajudar na compreensão dos textos ou enunciados da prova nem na descoberta das respostas.

Todas essas alterações das práticas habituais de sala de aula transformavam (ou ainda transformam) os momentos da avaliação numa espécie de ritual em que seriam produzidas e proclamadas as hierarquias, os vitoriosos e os derrotados. Essa carga de solenidade permanece na memória das pessoas, marcando fortemente uma grande parte das relações dos alunos, professores, pais e sociedade em geral com a escola, a escolarização, o ensino, a aprendizagem, o saber.

Também se podem recuperar inúmeros relatos sobre o uso dos procedimentos avaliativos como mecanismos de controle dos alunos e de imposição da autoridade pelos professores. Essas lembranças são tão poderosas que se expressam por meio de representações largamente disseminadas na literatura, no cinema ou na TV, por exemplo.

No caso da TV brasileira, pode-se observar essa situação repetidas vezes no seriado vespertino *Malhação*, da Rede Globo. Em várias ocasiões em que os professores do seriado não conseguem obter a atenção de alunos do colégio Múltipla Escolha, os quais estão envolvidos nos seus problemas e conversas particulares, apela-se para o recurso do famoso "teste surpresa". Num caso como esse, é evidente a falta de propósito pedagógico do procedimento adotado, que não pode e, na verdade, nem mesmo pretende avaliar qualquer conhecimento obtido ou aprendizagem efetivada, mas apenas reafirmar as posições, os papéis e a distribuição efetiva do poder na sala de aula.

Outro exemplo de representação disseminada na TV sobre a avaliação escolar esteve presente muitos anos na antiga *Escolinha do Professor Raimundo*, cujo modelo ainda é reproduzido em outros programas televisivos. Na *Escolinha*, todo o tempo das aulas era ocupado pela avaliação. Sucessivamente, o Professor Raimundo, interpretado por Chico Anísio, interrogava cada um dos alunos e alunas da classe, propiciando ocasião para uma situação cômica que, quase sempre, conduzia à atribuição de uma nota ao aluno que apresentava a resposta. Nesse caso, a própria forma da aula, portanto, confunde-se com a avaliação. Estudar e assistir às aulas passa a ser responder as questões formuladas pelo professor e submeter-se à atribuição das notas.

Examinando-se as lembranças individuais e as representações coletivas da escola, percebe-se, portanto, o grande peso atribuído às práticas da avaliação. No processo de socialização anterior à escola, na família ou entre vizinhos e amigos, sempre há um componente de julgamento e de avaliação das atitudes das crianças, o que acaba influindo na construção das identidades individuais. Mas é provavelmente na escola, mediante os procedimentos da avaliação do rendimento escolar e das hierarquias e classificações daí resultantes, que a avaliação enquanto fenômeno social é posta muito claramente, pela primeira vez, para os indivíduos.

Alunos, professores, pais e familiares, imprensa, agentes públicos, todos acabam voltando suas atenções para a avaliação escolar como se os seus resultados fossem a expressão mais perfeita do sentido do empreendimento da escola, de todo o processo de ensino e aprendizagem e de todos os investimentos coletivos, monetários e simbólicos, despendidos no setor da educação.

As estatísticas educacionais não se contentam mais apenas com a produção de informações sobre os números de matrículas e conclusões de curso. Surgem mecanismos de avaliação externa, nacionais e internacionais, para verificar o trabalho realizado nas escolas. Criam-se índices de escolarização mais refinados, como o do *analfabetismo funcional,* que procura confrontar escolaridade e saberes mínimos que se espera que sejam adquiridos. A imprensa explora os diversos resultados e apresenta um quadro desolador para o Brasil: chegamos, nos finais do século passado, à universalização do ensino fundamental, mas continua a haver graves dúvidas quanto à aprendizagem efetiva que essa escolarização vem produzindo.

Todo esse debate acaba afetando as escolas e os profissionais do ensino, em particular os professores. Trabalhando na ponta do sistema, os docentes são levados a incorporar culpas e assumir responsabilidades por situações muito complexas, que só podem ser resolvidas mediante um conjunto de esforços que se realizem tanto no plano local, em cada sala de aula ou escola, quanto nos planos mais amplos do sistema educacional e político.

De qualquer maneira, a exemplo do que se procurou fazer nos capítulos anteriores, não se pretende, no exame do tema da avaliação, fugir do debate das possibilidades efetivamente abertas à intervenção de cada um dos professores. Não se pode, no entanto, perder de vista as dimensões e os significados mais amplos que o trabalho educativo acaba assumindo na situação contemporânea e sobre os quais o trabalho individual de cada professor acaba tendo uma influência relativamente limitada.

Trata-se, portanto, de examinar o campo e indicar algumas possibilidades efetivas da atuação docente no que se refere às práticas de avaliação. Nesse caso, há muito para ser feito.

AVALIAR PARA SELECIONAR OU AVALIAR PARA ENSINAR E APRENDER?

Frequentemente, nas escolas, os resultados da aprendizagem são verificados por meio da aplicação de um mesmo teste ou prova escrita a que todos os alunos devem responder individualmente. Esse tipo de instrumento está baseado numa certa concepção pedagógica: nela a tarefa principal do ensino é pensada como a transmissão de determinados conhecimentos que se configuram sob a forma de saberes proposicionais, isto é, sob a forma de um conjunto de afirmações a respeito de um determinado assunto, tema, problema ou questão. Avaliar, nesse sentido, é verificar em que medida essas proposições foram assimiladas. Para tanto, são usados instrumentos escritos ou verbais em que o aluno possa demonstrar essa assimilação, devolvendo-a sob a forma de texto ou de produção linguística.

Isso quer dizer que os modos como se efetivam a avaliação e os instrumentos escolhidos dependem do tipo de concepção pedagógica que se assume. Em termos mais amplos, dependem do tipo de projeto pedagógico que se pretende desenvolver. Assim, examinar como se realiza a avaliação pode nos oferecer elementos importantes para entendermos que tipo de aluno se pretende formar com determinadas práticas desenvolvidas na escola.

> A avaliação põe em destaque os princípios que guiam a ação pedagógica. Quando se avalia através de provas que cobram

nomes, datas, ideias copiadas do livro ou do texto está-se dizendo que o princípio pedagógico valorizado é o da aprendizagem reprodutiva, baseada na memória e na repetição acrítica das informações. Quando se pede ao aluno que exponha seu ponto de vista, argumente a favor ou contra uma ideia, produza um texto, participe da elaboração de um projeto, proponha soluções para um problema, está-se acentuando a importância da reflexão, do pensamento autônomo, da participação, da criação.[1]

Não é indiferente, portanto, o tipo de procedimento que se adota, sendo a avaliação uma dimensão bastante reveladora do projeto pedagógico implicado em cada modo distinto de ensinar.

Embora, neste livro, já se tenha apontado que essa não é a única nem talvez a mais relevante modalidade de saber com que a escola pode e deve trabalhar, é preciso admitir que as provas, testes e trabalhos escritos ainda constituem a maior parte das atividades desenvolvidas pelos alunos e que são utilizadas como instrumentos de avaliação pelos professores e pelas escolas. Nesse sentido, convém examinar um pouco os modos como esses instrumentos são usados e tentar relativizar as pretensões de objetividade com que eles costumam ser entendidos.

Ao corrigir as provas ou outros trabalhos padronizados, feitos igualmente por todos os alunos, tem-se verificado que os professores tendem a utilizar algum tipo de comparação e classificar os resultados de tal maneira que eles acabam se distribuindo de acordo com o que, em estatística, se chama de curva normal ou de Gauss.

Essa distribuição é obtida sempre que se coleta um número muito grande de registros que se distribuem ao acaso, aleatoriamente, numa determinada população. Se forem anotadas as medidas de altura de um grupo relativamente grande de pessoas da mesma idade, como, por exemplo, as dos recrutas do exército, vai-se perceber que a maior parte dos resultados se concentrará numa faixa intermediária (uma altura mediana), enquanto poucos indivíduos serão classificados como muito altos e também poucos como muito baixos.

Quando esses resultados são postos num gráfico cartesiano, eles produzem uma figura em forma de sino ou parábola que é conhecida como curva normal ou curva de Gauss (o pesquisador que primeiro a percebeu).

Em princípio, os resultados de um determinado trabalho escolar não deveriam se distribuir de maneira aleatória, já que seria possível, e até mesmo desejável, nos casos em que o ensino fosse bem-sucedido, que todos os alunos alcançassem a aprendizagem suposta no exercício, o que levaria a resultados quase sempre muito positivos. O curioso, no entanto, é que diversos estudos têm mostrado que, mesmo nessas ocasiões, os professores tendem a emitir notas ou conceitos que reproduzem a forma da curva normal.

Numa experiência já repetida algumas vezes, foi atribuído o mesmo lote de provas a professores diferentes e sempre surgiu a mesma curva no final das correções. Depois, quando foram retiradas do lote apenas as que tinham sido consideradas melhores e redistribuídas a outros professores, eles novamente introduziram o mesmo padrão comparativo que reproduz a curva normal. O mesmo aconteceu com as provas consideradas inicialmente como as de pior desempenho.

Quando todos ou quase todos os resultados obtidos são muito satisfatórios, em princípio, eles deveriam expressar a aquisição da aprendizagem a ser verificada. Nesse caso, eles deveriam, então, merecer a atribuição da melhor nota. No entanto, mesmo aqui, acabam sendo introduzidos, ainda que sutilmente, alguns critérios que conseguem repor a estratégia da normalização. Isso é feito de maneira quase intuitiva nas escolas do ensino fundamental e médio, mas adotam-se esses critérios de maneira sistemática e explícita em exames que envolvem grande número de participantes, como concursos públicos ou vestibulares:

> Imaginemos que propomos aos alunos, após uma aprendizagem sistemática, um exercício de aplicação de uma regra e que todos são bem-sucedidos... Suponhamos agora que desejamos dar notas a esse exercício... Pela "lógica", todos tirariam [a nota máxima], mas nesse caso a notação seria sistematicamente aberrante. Diante desse dilema, um corretor corre o risco de ser obrigado a reintroduzir uma normalidade nessa notação para justificar *a posteriori* as diferenças de notas por considerações e racionalizações diversas (tempo gasto para responder, capricho na escrita etc.). Como poderíamos agir de outra maneira? Para que uma notação seja justa, segundo Gauss, ela deve classificar ordinal e normalmente os alunos, o que leva à proposta de trabalhos e exercícios

cuja natureza permita selecionar, distinguir, classificar, isto é, instalar um nível de dificuldade seletivo ao início, ou perceber os parâmetros discriminatórios. Por exemplo, para candidatos no concurso de ingresso à Politécnica, como a matemática não é uma boa ferramenta de seleção,[2] o fracasso ou a admissão ao concurso pode depender de matérias nas quais os candidatos tenham desempenhos menos homogêneos.[3]

Do ponto de vista dos concursos ou dos vestibulares, talvez se possa admitir que os padrões de normalização sejam necessários. Afinal, a função desses exames não é exatamente a de avaliar aprendizagens consolidadas, mas, sim, a de hierarquizar e selecionar alguns dos candidatos para ocupar um número limitado de vagas. Porém, na escola pública, democrática, aberta a todos, o papel da avaliação deve ser outro: ela deve se tornar uma instância decisiva do processo de ensino e de aprendizagem. Para tanto, a avaliação precisa ser considerada como um diagnóstico daquilo que professores e alunos vêm realizando até ali e, ao mesmo tempo, como um guia que permita indicar os rumos a serem seguidos dali em diante no sentido de se corrigir o que não vem dando certo e reforçar as práticas bem-sucedidas.

Outros fatores também interferem nas maneiras como os professores e professoras corrigem os trabalhos dos alunos e lhes atribuem menções, de modo a atenuar ou mesmo invalidar as pretensões de objetividade que possam existir nessa tarefa:

1. *Efeitos de ordem e de contraste*: percebeu-se que a ordem em que os trabalhos são corrigidos tende a interferir no julgamento dos avaliadores. Um determinado exercício tende a ser comparado com aquele que foi corrigido imediatamente antes, o que pode induzir a uma sensação de contraste que pode acabar elevando ou diminuindo exageradamente a sua classificação. Da mesma forma, já se percebeu que os avaliadores tendem a ser mais rigorosos quando estão corrigindo os últimos trabalhos de um determinado lote do que diante dos primeiros;

2. *Efeitos de contaminação*: as opiniões de outros professores sobre os alunos podem, inconscientemente, interferir no julgamento emitido por um determinado professor, quando corrige uma determinada tarefa;

3. *Efeitos de estereotipia*: à medida que o professor trabalha algum tempo numa classe, ele vai constituindo estereótipos sobre cada um dos alunos, o que acaba tendo influência sobre o seu modo de avaliá-los durante o restante do ano letivo;
4. *Efeito de halo*: certas características e estereótipos sociais muito sutis são percebidos inconscientemente pelo avaliador e podem influir nas suas decisões, tais como os modos de vestir ou de falar, atitudes com relação à escola, postura e asseio corporal, capricho e limpeza na apresentação das tarefas etc.

Na produção dessa correção comparativa e por contraste, os professores-avaliadores costumam partir de um certo modelo de prova correta, estabelecido abstratamente, seja com base nas competências do professor, seja nas supostas competências de um teórico "aluno ideal". Esse modelo passa a funcionar como a norma mediante a qual as produções concretas dos alunos serão medidas ou comparadas.

Embora seja muito difícil se livrar completamente dessas influências e efeitos, os professores devem estar atentos ao seu aparecimento e procurar estabelecer procedimentos de revisão e reflexão sobre a avaliação realizada, os instrumentos adotados e os procedimentos de atribuição de notas ou menções diversas. O primeiro ponto a levar em consideração é o de que não existe avaliação inteiramente objetiva nem nota ou menção "verdadeira". No processo de avaliação, pesam diversos fatores subjetivos, bem como assumem importância decisiva os objetivos com que se trabalha no ensino, o que está necessariamente ligado ao projeto pedagógico em que o professor, sua disciplina, seus colegas e sua escola estão envolvidos num determinado momento.

Nesse sentido, não se pode perder de vista que o trabalho do professor está sempre fundamentado, consciente ou inconscientemente, num conjunto de representações teóricas a respeito dos alunos, do conhecimento, do ensino e das suas finalidades, da pedagogia e dos métodos adequados para melhor realizar os objetivos propostos. A avaliação, portanto, decorre necessariamente desses pressupostos teóricos, que implicarão a escolha dos procedimentos mais adequados.

Tornar mais claros e conscientes esses pressupostos supõe, em primeiro lugar, um processo de autorreflexão do professor. Em certa medida, como já vimos anteriormente, os professores tendem a reproduzir no seu trabalho algumas práticas pedagógicas que eles experimentaram como alunos e que lhes pareceram bem-sucedidas. No caso da avaliação, isso também acaba acontecendo.

O professor deve estar atento para verificar em que medida os procedimentos avaliativos que ele adota são decorrentes da mera reprodução de experiências anteriores, ou são coerentes, de fato, com os pressupostos teóricos e com os objetivos de ensino por ele adotados. Muitas vezes, porém, não basta a reflexão pessoal e talvez seja produtivo também instaurar discussões coletivas a respeito da avaliação, dos seus procedimentos e propósitos, dos seus resultados e consequências nas instâncias em que isso é possível.

Conselhos de classe e de série, reuniões pedagógicas e outros espaços de debate na escola podem ser utilizados de modo mais proveitoso do que apenas para a troca de informações e tomada de decisões sobre o rendimento dos alunos em cada disciplina. Nessas discussões, seria importante pôr em jogo todas as dimensões do ensino e da aprendizagem na medida em que a avaliação é apenas parte desse processo mais amplo, o qual também é composto pelas supostas finalidades da própria escola e das disciplinas escolares, pelos modos de implantação dos contratos pedagógicos e didáticos e pelos diversos procedimentos adotados no desenvolvimento do ensino e da aprendizagem.

> O que importa é que se instaure na escola um processo de reflexão sobre a prática pedagógica, de problematização dessa prática, de compreensão de suas relações com a prática social global, culminando na construção de um projeto comum, que servirá como diretriz para a avaliação e a reformulação constante do trabalho escolar.[4]

Educação e avaliação, portanto, não se separam. Caminhar no sentido da consolidação de uma escola democrática, para todos, que se comprometa com a aprendizagem e não com a produção de hierarquias implica, entre outras coisas, afastar-se cada vez mais dos procedimentos avaliativos de caráter normativo, classificatório, comparativo e seletivo e aproximar-se de uma modalidade de avaliação mais formativa e individualizada. Isso poderá ajudar professores e alunos a melhor diagnosticarem os problemas vividos e reorientarem suas ações no sentido de melhorar a qualidade do ensino e garantir todas as aprendizagens possíveis à grande maioria ou, quando possível, à totalidade dos alunos.

Essa concepção vem ganhando força nos últimos anos, embora ainda tenha que enfrentar cotidianamente as práticas já estabelecidas e arraigadas entre alunos, professores, pais e sociedade. Concebida dessa maneira, a avaliação deve ser utilizada como mais um dos instrumentos a serviço da finalidade última do ensino, que é a aprendizagem.

> A avaliação formativa é, pois, aquela que ajuda o aluno a aprender e o mestre a ensinar. Para enfatizar seu aspecto formativo e desvinculá-la da associação que se faz usualmente entre avaliação e notas, Perrenoud prefere falar em *observação formativa*, que, segundo ele, deve estar a serviço do acompanhamento da aprendizagem e da ação didática. A avaliação formativa deve se inscrever num contrato que demanda confiança e cooperação entre professor e alunos. O professor precisa criar um clima de confiança que leve os alunos a expor suas dúvidas e seus problemas; os alunos precisam se convencer de que podem cooperar com o professor na luta contra o fracasso escolar.[5]

DIFERENTES PONTOS DE VISTA

Sempre se pode dizer que "não há educação sem avaliação". Trata-se de admitir, sob a forma dessa espécie de *slogan,* que o empreendimento educativo não pode ser separado da noção de projeto de formação e que nessa noção de projeto uma das dimensões necessárias e essenciais é a da avaliação.

Associar o esforço educativo empreendido coletivamente pela sociedade e enfrentado profissionalmente, no cotidiano, pelos profissionais do ensino e, particularmente, pelos professores à noção de formação e de projeto é uma ideia que se tornou bem mais complicada nos dias de hoje do que era, por exemplo, no século xix, quando surgiram os primeiros esforços mais sistemáticos de estruturação dos sistemas nacionais de ensino em quase todo o mundo. Pela grande força da ideia de progresso naquela época, parecia muito claro para quase todos que a universalização do ensino contribuiria para a construção de nações poderosas, dotadas de cidadãos conscientes e unidos em torno de um conjunto de propósitos comuns.

A situação vivida na sociedade contemporânea, no entanto, não nos autoriza a ter grandes certezas. Imaginar um projeto capaz de unir todas as pessoas de um mesmo país parece ser, nos dias atuais, algo muito mais distante. Não que não houvesse um forte sentido ideológico naquela ideia que moveu a criação da escola de massas, mas acontece que vivemos no presente uma situação de fragmentação de interesses e de pulverização de projetos coletivos e individuais, de tal maneira que fica muito mais difícil apostar num projeto único de formação.

A educação, no entanto, enquanto ação deliberada de formação implica sempre a existência de projetos, mesmo que eles tenham que ser formulados com base em acordos provisórios de interesses. Em cada circunstância particular, cada grupo de ensino e aprendizagem ou cada estabelecimento de ensino em particular acabam produzindo esses acordos provisórios e instaurando condições para a construção e o desenvolvimento de projetos pedagógicos.

No estabelecimento desses projetos, como vimos, uma dimensão muito importante diz respeito às maneiras como se vão escolher, instaurar e utilizar os procedimentos de avaliação dos resultados. Como se trata de um tema que suscita polêmicas e que é marcado por representações conflitantes, é conveniente tentar examiná-lo sob diversos pontos de vista que contemplem os vários atores sociais envolvidos na tarefa de ensinar e aprender.

Do ponto de vista mais amplo da sociedade, parece haver nela disseminada uma certa expectativa em torno da avaliação escolar que ainda é muito marcada pela perspectiva da avaliação normativa, hierarquizadora e classificatória. Se tomarmos os registros da imprensa como uma espécie de termômetro do senso comum ou da opinião pública, percebe-se em diversos momentos como ela expressa preocupações a respeito do mau desempenho dos estudantes brasileiros nos exames padronizados internacionais. Trata-se de uma perspectiva que concede grande legitimidade a esse tipo de teste e de classificação internacional como parâmetro objetivo de avaliação da qualidade do ensino praticado no país.

Não se pretende negar que esse tipo de análise possa ter alguma validade. Trata-se, no entanto, de bem situar as suas reais dimensões. Se ela pode ter algum valor comparativo, num plano mais abstrato, de uma suposta competição entre os diversos países, ela não pode ser inferida como único ou nem mesmo como o principal parâmetro de análise de cada uma das situações singulares vividas pela imensa maioria dos alunos, professoras e professores espalhados pelo Brasil.

Da mesma forma que no plano da chamada opinião pública, é compreensível que os dirigentes dos vários sistemas escolares se preocupem com os resultados das avaliações externas, tais como o Exame Nacional do Ensino Médio (ENEM), o Sistema de Avaliação do Ensino Básico (SAEB) e o chamado "provão" do ensino superior. É possível que, se bem examinados, os resultados desse tipo de avaliação possam contribuir, em alguma medida e em combinação com outras informações, para melhor entender o funcionamento do ensino e da aprendizagem no país e até mesmo oferecer algumas indicações sobre como distribuir melhor as verbas ou estabelecer setores que estejam a exigir maior atenção.

Também as famílias tendem a orientar os seus esforços e as suas análises sobre o desempenho escolar dos seus filhos mediante o uso da noção da avaliação como medida e como escala hierárquica. Costuma interessar aos pais não exatamente saber que conhecimentos de fato os seus filhos estão conseguindo adquirir, mas como eles se situam comparativamente aos seus colegas de escola e aos outros jovens da mesma idade no restante do país. Para a maioria das famílias, é mais difícil compreender a avaliação em termos dos conteúdos e dos significados da aprendizagem.

Do ponto de vista dos alunos, se eles não forem suficientemente esclarecidos a respeito do projeto pedagógico em que estarão ativamente envolvidos, será difícil, também para eles, ir além da dimensão comparativa e hierarquizadora da avaliação. Realizando rotinas escolares que padronizam os modos de lidar com os resultados da aprendizagem e periodicamente submetidos a provas, exames, produção de trabalhos e outros instrumentos que não têm seus propósitos muito bem esclarecidos, os alunos tendem, muitas vezes, a adotar uma postura pragmática ou até mesmo fatalista em relação à avaliação.

Como em diversas situações escolares ainda predominam os procedimentos de avaliação de caráter repetitivo, padronizado e normativo, os alunos costumam aprender rapidamente a como se

A AVALIAÇÃO 157

comportar, seja para adotar o papel do bom aluno, seja para rejeitá-lo. Como diz o educador suíço Philippe Perrenoud:

> Ter êxito na escola, ser bom aluno é, na maioria das vezes, ser capaz de refazer, em situação de avaliação, o que se exercitou longamente em situação de aprendizagem, diante de tarefas muito semelhantes e conforme instruções que sugerem, por sua própria forma, o que se deve procurar e que conhecimentos e operações mobilizar.[6]

As maneiras como os alunos vão se relacionar com a avaliação dependerão, em grande medida, das ações empreendidas pelos professores. Nesse sentido, do ponto de vista da Didática, a perspectiva mais decisiva acerca da avaliação deve ser mesmo a do docente.

Em relação a esse tema, as professoras e os professores de hoje caminham numa linha muito estreita, submetidos a pressões as mais diversas. Na maioria dos casos, a sua formação inicial capacitou-os e os convenceu a adotar as práticas da avaliação normativa. Desse ponto de vista, avaliar continua sendo intercalar periodicamente, no processo de ensino, alguns momentos específicos em que os alunos realizarão determinadas atividades padronizadas e que se constituirão em instrumentos de avaliação. Corrigidos, esses instrumentos permitirão a emissão de notas ou conceitos parciais que, no final do ano letivo ou do ciclo, resultarão na emissão de um julgamento sobre a continuidade de cada aluno naquele estágio de ensino ou na sua promoção para o estágio seguinte.

No entanto, cada vez mais esses profissionais têm recebido informações, participado de debates e de cursos de formação continuada, bem como lido textos que defendem ou propõem alterações significativas na avaliação que caminham num sentido mais formativo e que insistem na necessidade de uma individualização cada vez maior dos procedimentos e dos instrumentos utilizados na avaliação de cada um dos seus alunos. Embora incorporando parte desses debates e propósitos reformadores, inúmeros professores e professoras se sentem muito desconfortáveis diante das exigências múltiplas do seu trabalho, que impõem a necessidade de emissão de notas parciais e que ainda conferem um valor exagerado a instrumentos escritos do tipo das provas padronizadas. Diante das dificuldades de criar ou adotar outros instrumentos, os professores tendem a combinar procedimentos e pressupostos teóricos das duas lógicas de avaliação de tal modo que acabam emitindo para os alunos uma posição muito ambígua em relação ao problema. Soma-se a isso o fato de que existem inúmeras pressões ligadas à obtenção de bom desempenho dos alunos nas avaliações externas, tanto as formais quanto as informais, como os vestibulares das universidades, que em alguma medida contribuem para definir a imagem da boa escola e, no limite, também a imagem do bom professor.

Os instrumentos de avaliação

Tem predominado nas escolas de todo o país até os dias atuais a utilização de um número muito restrito de instrumentos de avaliação da aprendizagem. Trata-se, quase sempre, de instrumentos que exigem dos alunos a apresentação de respostas escritas a questões que supõem uma única resposta correta. Alternativamente, também são utilizados em larga escala os chamados testes objetivos, em que o aluno tem que optar pela resposta correta diante de algumas alternativas oferecidas.

Tanto num caso quanto no outro, o que se procura verificar é a incorporação pelos alunos de determinadas ideias, fatos ou conceitos que podem ser expressos mediante o uso de formas verbais relativamente simples, com o mínimo possível de ambiguidade. A suposição envolvida nesse processo é de que a exigência de respostas objetivas tenderia a produzir resultados que pudessem ser avaliados também de maneira objetiva. Sendo os exames aplicados igualmente a todos os alunos de uma classe, seria possível discernir, mediante um processo de comparação com um determinado padrão ideal (a medida), aqueles que assimilaram daqueles que não assimilaram o conhecimento verificado e estabelecer uma avaliação supostamente mais "justa". Essa alegação da necessidade de justiça na avaliação escolar, no entanto, costuma ser utilizada de modo confuso. De início, alega-se que avaliando a todos da mesma maneira – já vimos que não é isso que acontece, mas vamos admitir o argumento por enquanto – ninguém se sentirá prejudicado pelos resultados do processo, que se converterão primeiro em notas ou menções diversas e, depois, em juízos e decisões sobre promoção ou retenção do aluno na série ou ciclo de aprendizagem. Acontece que o tipo de justiça de que se poderia tratar no caso da avaliação escolar não tem relação com a ideia da meritocracia, isto é, de que apenas os melhores é que devem ser premiados. Apostando na noção de *educabilidade*, a escola democrática assume o compromisso de ensinar a todos e lhes garantir a aprendizagem. Trata-se, portanto, de um compromisso político, profissional e institucional com a noção de *igualdade*, que exige que a escola assuma a responsabilidade de assegurar *que todos os alunos que passem pela escola aprendam tudo o que ela se propõe a ensinar.*

Ora, valendo-se de provas padronizadas e testes objetivos, só é possível lidar com determinados conhecimentos e determinadas competências que não se prestam a respostas múltiplas ou ambíguas. Nesse caso, portanto, só se pode lidar com o conhecimento proposicional. Uma prova desse tipo não serve para avaliar outras modalidades de conhecimento que exijam elaboração pessoal pelo aluno, confronto de posições diferentes ou emissão de um julgamento ou opinião pessoal, por exemplo.

Se não se utilizam outros tipos de instrumentos, ficam de fora da avaliação da aprendizagem muitos conhecimentos e competências como: emitir opiniões, escolhas ou juízos morais, éticos ou estéticos, comparar situações distintas, interagir com outras pessoas e extrair consequências cognitivas relevantes (aprender com o outro), confrontar os conhecimentos adquiridos pela experiência e aqueles adquiridos pela leitura ou assimilação verbal, capacidade de inventar soluções alternativas para problemas tradicionalmente respondidos de uma determinada maneira (o que pode ser útil diante dos problemas colocados pela exploração irracional do meio ambiente, por exemplo).

Percebe-se, portanto, que um vasto conjunto de práticas e saberes muito significativos que sempre são postos como objetivos relevantes a serem alcançados no processo de ensino e de aprendizagem não podem ser apreendidos mediante a aplicação dos procedimentos avaliativos costumeiros. A escola, institucionalmente, e os professores, diretamente no seu trabalho cotidiano, precisam estar atentos a essas dimensões do processo de avaliação. A escolha dos procedimentos a serem utilizados deve ser coerente com os objetivos traçados no projeto pedagógico mais amplo da escola e no plano de ensino elaborado pelo professor. Ela dependerá do tipo de conhecimento com que se trabalha e do tipo de competência que se pretende desenvolver em cada caso.

Afastando-se da perspectiva da avaliação normativa e hierarquizadora, é preciso caminhar na direção de procedimentos avaliativos cada vez mais diferenciados e individualizados ou que pelo menos permitam a manifestação das reais aprendizagens e dificuldades obtidas por cada um dos alunos. Embora seja essa a tendência geral dos discursos e das conversas sobre a educação nos últimos tempos, está claro que os professores ainda se deparam com condições de trabalho nem sempre muito favoráveis a essa diferenciação e individualização dos procedimentos de ensino e avaliação. Isso, no entanto, não deve servir como argumento para não se tentar modificar as práticas e introduzir outros instrumentos de avaliação que permitam a cada um dos envolvidos no processo de ensino e de aprendizagem o balanço necessário das suas aquisições parciais e globais e a reorientação indispensável das suas ações no sentido de melhorar a qualidade do trabalho realizado e dos esforços despendidos para ensinar e aprender.

A adoção de formas mais individualizadas de registro da aprendizagem pode se dar mediante a constituição de fichas individuais de acompanhamento a serem preenchidas pelos professores. No entanto, reconhece-se a dificuldade de implantação dessa prática nos casos em que o mesmo docente tenha sob a sua responsabilidade algumas centenas de alunos num ano letivo, como é o caso das disciplinas com poucas aulas semanais.

Pode-se, nesse caso, ensaiar alternativas, construindo-se instrumentos de avaliação que reservem parte da responsabilidade dos registros para os alunos. Por exemplo, podem ser elaboradas fichas de acompanhamento que vão sendo preenchidas individualmente e que o professor verifica em determinados momentos. Também devem ser oferecidas oportunidades de reelaboração de trabalhos, momento importante em que os alunos, de posse dos comentários do professor, podem repensar as questões ali envolvidas, reconstruir os raciocínios empreendidos ou mesmo inventar alternativas não imaginadas na primeira ocasião.

Todas as atividades realizadas em classe podem e devem ser objeto de avaliação. Não é preciso ficar esperando pela instauração daquelas situações solenes e ritualizadas que tendem a demarcar fronteiras muito nítidas entre os momentos de aprender e os momentos de avaliar. Ensino, aprendizagem e avaliação ocorrem simultaneamente, devendo cada uma dessas instâncias do processo contribuir com as outras.

Nesse sentido, por exemplo, as anotações de aula também podem servir como instrumentos de avaliação, não com o propósito de premiar o caderno exemplar ou mais bonito, mas, sim, de orientar os alunos e alunas no sentido de aprenderem a anotar as informações, experiências e discussões mais significativas ocorridas na classe, indo além do que é posto na lousa ou explicitamente marcado como importante pelo professor. Constituir novas práticas mais sistemáticas de registro das aulas pode ajudar muito na aprendizagem.

A utilização de instrumentos não escritos ou não verbais também pode ser muito proveitosa em determinados tipos de aprendizagem. Conversas informais, exposições orais, debates, desenho, pintura e expressão plástica ou artística em termos mais gerais devem ser incorporados por professores e alunos como formas costumeiras de expressão e também de avaliação da aprendizagem na sala de aula. Não se trata de recair naquelas práticas condenáveis de inventar "trabalhinhos" extras para "melhorar" as notas: não é este o caso, mas, sim, o de ampliar o alcance da aprendizagem e, para tanto, da sua própria avaliação, de maneira a obter informações sobre as múltiplas dimensões do processo e poder reorientá-lo sempre que necessário.

Pensando e praticando a avaliação nesse sentido mais amplo, acaba perdendo relevância a noção de *erro*, que na avaliação normativa é a categoria central que organiza todo o processo. Como se pretende trabalhar com diversas modalidades de conhecimento e de competências a serem desenvolvidas e como na maioria delas não há parâmetros fixos ou normas a respeito da resposta "certa", os erros deixam de ter o caráter que sempre tiveram na escola. Assim, deixa de ter sentido, na maioria dos casos, que o professor emita juízos sobre as atividades dos alunos baseados nas noções de *certo e errado* e daquelas formas híbridas mais fantásticas ainda, como *meio-certo e meio-errado*. Para os alunos, é muito importante e significativo receber do professor um retorno sobre o seu desempenho em determinada tarefa que lhes permita entender as possibilidades abertas, as conquistas obtidas e os problemas a enfrentar em seguida para poderem consolidar suas aprendizagens. Receber simplesmente uma nota e uma indicação de certo ou errado pouco lhes pode adiantar.

Mesmo procurando se orientar de outra maneira em relação ao ensino, à aprendizagem e à avaliação, os professores costumam se deparar com outras modalidades e propostas de avaliação que acabam dificultando a realização das metas da escola democrática. A maneira como os administradores e financiadores dos sistemas escolares avaliam os resultados obtidos pelas escolas acaba tendo bastante repercussão sobre os processos desenvolvidos em cada sala de aula. Na medida em que se estabelecem mecanismos de avaliação externa que continuam insistindo nos testes padronizados e no estabelecimento de hierarquias, há um risco muito grande de as escolas acabarem abandonando os seus esforços em prol de uma avaliação diagnóstica e formativa em troca de uma preparação mais direta dos alunos para terem bom desempenho nos testes.

Os exames vestibulares das principais universidades também acabam tendo efeitos semelhantes, em especial sobre as escolas do ensino médio que, em alguma medida, têm que enfrentar as cobranças e exigências da preparação adequada para aquele tipo de exame. Como já vimos neste capítulo, no entanto, a lógica que organiza esse tipo de avaliação está muito distante dos propósitos da escola universal, cujo compromisso é com a garantia para todos os alunos de uma aprendizagem significativa que vai muito além dos conteúdos parciais e objetivados que são verificados nos vestibulares.

Há a necessidade de tornar essa discussão mais explícita e esclarecer bem quais são as questões realmente envolvidas. Enquanto isso não é resolvido no plano mais amplo da sociedade, trata-se de travar esse debate em cada escola e mediante as ações de cada um dos professores efetivamente envolvidos na abertura de possibilidades mais amplas para a efetivação de uma escola mais comprometida com os ideais democráticos.

Esse debate e as práticas de ensino de cada um desses professores poderão afastar cada vez mais a avaliação das suas funções de medida, controle e discriminação e aproximá-la sempre mais dos seus propósitos de importante instrumento do projeto pedagógico a serviço do ensino e da aprendizagem.

ATIVIDADES PROPOSTAS

1) Sugere-se que os alunos reúnam um conjunto de provas: podem ser provas antigas que cada um tenha guardado em casa, ou de irmãos, ou colegas etc. A intenção é realizar um trabalho de exame dessas provas: o que é perguntado? Que tipo de conhecimento ou de aprendizagem cada questão pretende verificar? Que tipo de questões são feitas: elas são fechadas ou abrem espaço para a intervenção do aluno? Esse trabalho poderá ser realizado individualmente numa primeira etapa e, numa segunda etapa, resultar num debate com a classe.

2) O mesmo tipo de procedimento pode ser adotado para exercícios de livros didáticos (como foi proposto numa atividade no capítulo "A relação pedagógica: a Didática em ação") ou ainda para questões de vestibulares que costumam sair nos jornais ou em algumas coletâneas específicas.

3) Examinar em livros didáticos os exercícios propostos (mesmo exercício proposto no capítulo"A relação pedagógica: a Didática em ação").

4) Os alunos deverão organizar-se em equipes e cada uma das equipes deverá realizar entrevistas com três gerações sucessivas: alunos atualmente matriculados em escolas de ensino fundamental ou médio (convém combinar com o professor de Didática e com a classe se será padronizado o nível de ensino), seus pais e seus avós. Deve-se verificar se pais e avós também frequentaram a escola. Os resultados deverão ser expressos num trabalho escrito que relate os procedimentos adotados, as informações obtidas e os comentários do grupo sobre o tema examinado.

a) Em seguida, as três gerações devem ser entrevistadas (juntas ou separadas, é uma decisão também a ser tomada coletivamente) para se verificar:

b) como se relacionam pessoalmente com as avaliações escolares;

c) que peso têm as notas que obtêm (ou obtinham) na continuidade ou na interrupção dos estudos;

d) em que medida as avaliações realizadas e as notas obtidas influem na imagem que se faz de cada disciplina (matérias fáceis ou difíceis, importantes ou secundárias etc.);

e) como é/era o seu desempenho pessoal em comparação com os colegas;

f) em que medida os resultados obtidos são/eram comentados com os colegas, os pais ou os familiares;

g) que consequências as notas provocam fora da escola (castigos, recompensas, orgulho familiar etc.).

5) A classe deverá assistir a um episódio de *Malhação* ou de outro programa de TV em que se mostre uma aula e discutir as representações de avaliação que estão presentes no programa. O mesmo pode ser feito para jogos de tabuleiro como *Perfil* ou de videogames como *Show do Milhão*,[7] verificando que tipo de questões são formuladas, quais as modalidades de conhecimento trabalhadas e o que de fato é avaliado nesse tipo de jogo.

NOTAS

[1] M. E. D. A. André e L. F. Passos, 2001, p. 177.

[2] Os candidatos aos cursos de engenharia tendem a dominar os conteúdos da matemática e, portanto, há uma tendência de que as notas nessa disciplina sejam muito próximas, de modo que ela acaba não servindo como o critério mais decisivo da seleção.

[3] J. C. Parisot, apud J. J. Bonniol e M. Vial, 2001, p. 72.

[4] M. E. D. A. André, 1990, p. 70.

[5] M. E. D. A. André, 1996, p. 19.

[6] P. Perrenoud, 1999, p. 20.

[7] São sugeridos esses jogos para o trabalho em classe, mas também existem similares mais adequados para crianças pequenas. Examinar esse material pode ser interessante para verificar com que tipo de ideia de conhecimento escolar trabalham as indústrias de brinquedos.

O PENSAMENTO DIDÁTICO: ALGUNS AUTORES E SUAS IDEIAS

COMENIUS

Comenius (Jan Amos Komensky) nasceu na Morávia, região do antigo reino da Boêmia, na Europa Central, que fica hoje na República Checa, em 1592, e morreu na Holanda, em 1670. Naquela época, a Europa central estava fragmentada em diversos países que compunham o chamado Império Romano-Germânico. Toda essa região, além de partes consideráveis da Europa Ocidental, passava por grandes agitações e mudanças ligadas à chamada Reforma religiosa, iniciada por Martinho Lutero em 1517.

Tendo estudado Teologia numa faculdade calvinista holandesa, Comenius tornou-se professor e pastor religioso quando voltou à Morávia, com 26 anos de idade. Os grandes conflitos políticos e religiosos da época, cujo ápice se deu na chamada Guerra dos 30 Anos, marcaram todo o Império. Na Boêmia, os não católicos foram perseguidos e o povo morávio acabou sendo expulso. Em 1628, Comenius refugia-se em Leszno, na Polônia.

Desde essa época, envolve-se ativamente tanto na defesa do seu povo e da liberdade religiosa quanto em diversos projetos científicos e educacionais. Devido aos conflitos e guerras e também devido a esses projetos pessoais, ele acaba percorrendo grande parte da Europa, mantendo contatos com governantes e intelectuais dos países protestantes, tendo permanecido algum tempo ou residido na Polônia, na Inglaterra, na Suécia e na Holanda.

Suas obras recobrem um vasto campo de preocupações intelectuais ligadas principalmente à filosofia, ao estudo e ensino das línguas e à educação. Neste último tema, empenhou-se profundamente no projeto de uma ampla reforma do conhecimento humano e dos métodos de ensino.

Quando esteve na Suécia, entre 1642 e 1648, encarregou-se da reforma do sistema escolar daquele país com base na sua obra *Didática magna*, já então muito divulgada por todo o continente e considerada a grande referência sobre o ensino naquela época. Essa obra, publicada em latim em 1638, é resultado da ampliação de um livro anterior, escrito na língua boêmia e destinado a orientar as escolas criadas para o seu povo. Nela, Comenius proclama a possibilidade e a necessidade de "ensinar tudo a todos" mediante a adoção de um método único e universal que abreviaria o trabalho do professor e tornaria mais acessíveis os conhecimentos para os alunos.

Defensor de uma educação universal que chegasse inclusive às mulheres – no que foi um pioneiro –, Comenius dizia que os seres humanos, se fossem convenientemente educados, poderiam se tornar seres mais perfeitos e capazes de se redimir.

O professor é investido por ele da missão de tornar o homem diferente, mediante os recursos da *arte de ensinar*. O seu método, ou arte, parte das impressões sensoriais e procura as causas para os fenômenos a serem aprendidos. Trata-se de uma didática centrada na razão, na busca dos princípios gerais, na observação da natureza, das semelhanças e diferenças entre os fenômenos.

Nesse sentido, pode-se dizer que a didática de Comenius tem relação com o grande empreendimento coletivo dos intelectuais europeus do século XVII de construção de uma explicação científica e racional do mundo, em que estiveram envolvidas figuras como Galileu, Descartes e Bacon.

Principal obra

Didática magna: tratado da arte universal de ensinar tudo a todos. Lisboa: Fundação Calouste Gulbenkian, 1966.

Para conhecer Comenius

Gasparin, J. L. *Comênio*: emergência da modernidade na educação. Petrópolis: Vozes, 1997.

Herbart

Johann F. Herbart viveu na Alemanha entre 1776 e 1841. Filósofo, envolveu-se com diversas investigações e especulações sobre o funcionamento da mente humana, sendo considerado um dos precursores da psicologia experimental.

Com base nesses estudos, propôs uma pedagogia que se pretende apresentar como uma verdadeira ciência da educação. De acordo com ele, na educação trata-se, em primeiro lugar, de controlar a criança para submetê-la às regras do mundo adulto. Com isso, torna-se possível iniciar a instrução, que deve se basear no estímulo e no desenvolvimento dos interesses. Como base no controle (que ele chama de *governo*) e na *instrução*, o aluno adquire a *disciplina*, que lhe permite orientar e autocontrolar a sua própria vontade, formando o seu caráter e a sua capacidade de juízo moral.

O seu método didático baseia-se na estruturação lógica dos conteúdos escolares em pequenas unidades que possam ser desenvolvidas ao longo da duração de uma aula. No desenvolvimento da aula, Herbart propõe que ela se estruture sempre da mesma maneira, seguindo cinco passos formais assim definidos:

1. *Preparação*: consiste numa recordação do que foi visto na aula anterior, o que às vezes se faz mediante a correção dos exercícios que haviam sido determinados para serem feitos em casa.
2. *Apresentação*: o professor expõe o conteúdo novo a ser aprendido naquele dia.
3. *Comparação* ou *assimilação*: são procuradas e apontadas diversas situações em que se podem aplicar os conhecimentos recentemente apresentados. Trabalha-se aqui com os exemplos.
4. *Generalização*: com base nos exemplos anteriores, chega-se ao estabelecimento de padrões, de regularidades ou de leis

gerais que permitem a aplicação do conteúdo assimilado em qualquer circunstância em que ele seja adequado.
5. *Aplicação*: é a fase dos exercícios, a serem resolvidos em classe ou em casa.

O método de Herbart acabou tendo grande influência no pensamento e na prática pedagógica desde a sua época, sendo possível encontrá-lo ainda como suporte das aulas que são dadas em diversas disciplinas, nas mais diferentes escolas, mesmo que os professores que o utilizam não conheçam nem as suas origens nem o seu autor.

Não há obras do autor em edições acessíveis em português.

ALAIN

Alain é o pseudônimo adotado por Émile-Auguste Chartier, professor secundário francês que viveu entre 1868 e 1951. Filho de um veterinário e nascido no interior da França, ali estudou. Mais tarde, cursou a prestigiada Escola Normal Superior de Paris e, depois de formado, passou a lecionar Filosofia no ensino secundário. Durante a sua longa carreira, Alain teve a oportunidade de exercer influência marcante sobre os seus alunos, vários dos quais se tornariam, mais tarde, intelectuais renomados, como Georges Canguilhem, Maurice Merleau-Ponty, Raymond Aron e Simone Weil.

Além de professor e escritor, ele também foi jornalista e lutou como soldado na Primeira Guerra Mundial. Aposentou-se em 1933, tendo recusado diversos convites para ingressar na universidade. Depois disso, envolveu-se com os movimentos pela paz e contra a ascensão dos regimes fascistas na Europa.

Mesmo depois da sua aposentadoria, Alain continuou escrevendo muito, tendo publicado durante a vida diversos livros de ensaios e estudos. Tendo atuado no jornalismo, como era comum entre os intelectuais da sua época, também desenvolveu uma forma de textos curtos, publicados diariamente, em que passou a expor e defender suas ideias e a travar polêmicas a respeito de diversos assuntos. A esses textos, nomeava *Propos* (proposições ou reflexões), e, entre os temas examinados nos jornais e, depois, publicados em coletâneas, podem-se contar: a guerra, as artes, a cidadania e a política, a religião, a educação e a literatura, em particular o seu autor predileto, Stendhal.

Os *Propos sur l'éducation*, publicados no Brasil somente na década de 1970 sob o título *Reflexões sobre a educação*, representam uma reunião desses textos jornalísticos em que Alain, animado pelo seu espírito polemizador, travava verdadeiro combate em defesa de alguns princípios pedagógicos.

Escritos durante as décadas iniciais do século xx, os *Propos sur l'éducation* travam intenso diálogo, ou mesmo aberto confronto, com os defensores daquelas propostas pedagógicas que se autointitularam como "Educação Nova" ou "Escola Nova". Esses educadores, apesar de várias diferenças entre as suas propostas, uniam-se pela defesa de alguns princípios comuns: a pedagogia centrada na criança, a recusa de um ensino centrado no verbalismo, na palavra do professor e na primazia da transmissão do conhecimento herdado sobre a experiência vivida.

Com base nesses princípios, os escolanovistas procuravam desqualificar toda a pedagogia até então vigente, que passa a ser vista como velha, superada, inadequada, enfim, dados os novos tempos em que se vivia, estes marcados pela aceleração das mudanças sociais causadas pela urbanização e industrialização.

Ora, diante dessa estratégia de ocupação do espaço intelectual por essas ideias e por esses educadores, poucas vozes se ergueram para contestar as ideias novas e progressistas dos renovadores, embora não se possa afirmar que esse movimento tenha, de fato, provocado mudanças efetivas nas práticas pedagógicas da maioria das escolas do mundo, pelo menos nos momentos iniciais.

Nitidamente, os textos de Alain procuram cumprir o desafio de contestar as ideias pedagógicas renovadoras no momento em que elas estavam se tornando hegemônicas, como decorrência do sucesso das estratégias desenvolvidas por seus propositores e animadores. Ao qualificar os pedagogos como "crianças ajuizadas", Alain procura se pôr, de fato, como adversário daquilo que ele chama de "sistema de instruir divertindo". No entanto, vale-se de recurso também desqualificador desse adversário: tachado de tradicional, conservador anacrônico ou contra o progresso, Alain responde chamando seus oponentes de "crianças" e procurando trazê-los de volta ao bom senso.

Para realizar o seu intento polemizador, Alain vai trabalhar, ao longo dos seus *Propos*, com alguns temas centrais.

Concepção a respeito do desenvolvimento da criança

Enquanto o movimento da Educação Nova procura centrar-se na noção de "criança em desenvolvimento", que se vinha elaborando desde finais do século XIX, no campo da Psicologia, Alain vai pensar a escola e o processo educativo como instrumentos essenciais para possibilitar e facilitar o caminho do homem rumo à concretização de seu ideal de perfeição. Contra a ideia de que se deve preservar a autonomia do mundo infantil, Alain defende a posição de que a criança quer deixar de ser criança para tornar-se homem, ou, nas suas palavras, quer "desembaraçar-se incessantemente de seu ser de ontem".

Contra a ideia da existência de aptidões inatas

Embora, no geral, possa-se situar o pensamento de Alain no contexto mais amplo do pensamento liberal, esse autor apresenta alguns traços originais que não permitem um alinhamento tão automático. Coerente com o ideal de perfectibilidade humana e com o princípio básico da igualdade entre os homens, Alain afirma não acreditar nas aptidões naturais como origem da desigualdade entre os indivíduos e insiste na influência poderosa e decisiva da educação como mecanismo de produção da igualdade. Educar a todos igualmente, dar maior atenção aos que têm mais dificuldade, insistir na repetição exaustiva dos modelos, tudo isso seriam maneiras de se superar a desigualdade que uma certa psicologia diferencial atribuía como característica natural e hereditária das crianças.

A questão do interesse da criança

Enquanto o ensino renovado dilui as diferenças entre brinquedo e estudo, cria, ao mesmo tempo, a ilusão do estudo como forma de recreação. Alain se põe contra essa ideia, vista como completamente perniciosa. Para ele, a escola e, mais propriamente, a aula devem ser marcadas por uma diferença e distância radical em relação ao brinquedo. A demarcação nítida da diferença conduziria a criança ao seu papel de aluno mediante a ritualização dessa passagem entre o mundo infantil (do brinquedo) e o mundo adulto (do conhecimento).

O interesse da criança nesse estudo decorreria justamente de sua natureza humana, que a leva a querer deixar de ser criança e passar para o mundo dos homens.

O PROBLEMA DO CURRÍCULO OU DO ORDENAMENTO DO ENSINO

Em relação a esse ponto, o autor se põe contra um conjunto de princípios muito caros aos defensores da Educação Nova, os quais postulam que a criança aprende e incorpora os conhecimentos e habilidades com base num esquema cognitivo que parte do mais simples para o mais complexo, do concreto para o abstrato, das experiências e realidades mais próximas, mais imediatas e já incorporadas para as mais distantes, mais mediatas e inéditas. Alain defende justamente o que ele vai chamar de *método severo*. Desse ponto de vista, o que de fato leva à aprendizagem, para ele, não é o simples, o concreto, a experiência pessoal, na medida em que isto já é sabido pela criança e não vai despertar nela a vontade de saber. Apenas o complexo, o difícil, o grande livro, a grande obra é que podem ensinar.

É claro que Alain leva em conta a necessidade didática de dosar as dificuldades de acordo com as possibilidades dos alunos em cada momento. No entanto, esse método severo deve ordenar o ensino rumo à aquisição dos modelos culturais socialmente já sancionados e reconhecidos como grandes obras. Por serem grandes obras é que elas podem oferecer modelos da perfeição humana e devem ser assimiladas como modelos as serem seguidos pelos alunos.

Desse método severo, dessa pedagogia da dificuldade, faz parte a ideia do exercício escolar, que consiste da cópia, da imitação, da reprodução exaustiva dos modelos propostos pelas grandes obras. Esse deve ser o centro dessa proposta pedagógica, de tal modo que Alain insiste na ideia de que o verdadeiro trabalho escolar deve ser realizado pela criança nesse esforço de alcançar, pela imitação, a perfeição proposta nas grandes obras.

Nessa proposta, o professor precisa se instruir incessantemente para poder funcionar como um guia que vai iluminar o conhecimento apenas em "alguns momentos raros, preciosos, felizes". O papel do professor deve ser o de uma espécie de monitor da aprendizagem, na medida em que o verdadeiro conhecimento não é posse ou propriedade do professor: "O mestre escuta e vigia, bem mais do que fala. São os grandes livros que falam, e que pode haver de melhor?" (citação sem referência?).

Com base nesse exame sumário das principais características das proposições pedagógicas de Alain, percebe-se que as suas ideias pedagógicas só podem ser compreendidas no contexto do debate ou das polêmicas travadas entre ele e os defensores da Educação Nova. Apesar da caricatura que os escolanovistas fazem daquilo que eles chamam de ensino tradicional, ela não é muito apropriada para descrever as propostas e práticas didáticas exercidas por Alain.

PRINCIPAL OBRA

Reflexões sobre a educação. São Paulo: Saraiva, 1978.

DEWEY

John Dewey, filósofo, psicólogo e educador, viveu nos Estados Unidos da América entre 1859 e 1952. Doutor em Filosofia em 1884, foi lecionar na Universidade de Chicago, onde reuniu os Departamentos de Filosofia, Psicologia e Pedagogia num só, o que já é um bom indício da sua concepção educacional. Desde 1904 até o final da sua carreira, dirigiu o Departamento de Filosofia da Universidade de Colúmbia, em Nova York.

Sua obra é vastíssima, abrangendo estudos sobre Psicologia, Política, Filosofia, Arte e Educação. Tornou-se muito conhecido pelos seus trabalhos e pela grande influência que exerceu – e ainda exerce – sobre a Educação, tanto nos Estados Unidos quanto em diversos outros países.

Sua pedagogia baseia-se nas noções de *experiência* e de *atividade*. Pondo-se contra as proposições de Herbart, Dewey insiste em que só se pode realmente aprender aquilo que corresponde a um interesse verdadeiro e espontâneo, que conecta o indivíduo ao objeto do conhecimento. No entanto, para ele, esse interesse só se manifesta de modo autêntico durante a realização de uma atividade iniciada espontaneamente pela pessoa. Durante a realização dessa atividade, surge algum obstáculo que impede a continuidade da ação e que precisa ser superado. Na busca dessa superação é que se localiza o interesse verdadeiro, e o processo educativo tem que se ocupar de oferecer meios e oportunidades para que os alunos consigam superar, por eles mesmos, a dificuldade inicial, mediante um processo de investigação que se aproxima dos procedimentos de pesquisa do cientista.

Desse modo, para Dewey, a Educação deve consistir numa re-construção ativa pela criança da experiência humana. De acordo com ele, essa educação ativa, voltada para a prática e fundada nos interesses espontâneos da criança, seria a mais adequada ao desenvolvimento de seres humanos e cidadãos adequados à vida na sociedade moderna, esta marcada pelas mudanças tecnológicas e sociais e pela emergência da democracia.

Trata-se de uma pedagogia profundamente comprometida com a prática social e com o oferecimento de oportunidades iguais para os indivíduos, base para a construção e continuidade de uma sociedade democrática.

Em termos didáticos, as experiências de ensino fundamentadas nas proposições de Dewey procuraram romper com a ordenação clássica dos conteúdos. Na medida em que a Educação deve partir dos interesses verdadeiros das crianças, torna-se necessário romper ou pelo menos atenuar as barreiras entre as disciplinas e propor o ensino por projetos ou por temas mais amplos, em que se propicie uma reconstrução ativa da experiência.

O modo de estruturar o ensino, de acordo com Dewey, a exem-plo do proposto por Herbart, também corresponde a cinco passos:

1. *Atividade* – o ponto de partida é sempre uma atividade espon-tânea em que a criança esteja envolvida, com base nos seus próprios interesses. Nesse sentido, o papel do professor é o de interferir no ambiente de ensino de tal maneira a propiciar a emergência dessas atividades.

2. *Problema* – durante o desenvolvimento da atividade, surge um obstáculo, uma dificuldade que a criança sozinha ou em

174 DIDÁTICA

grupo não consegue resolver. Trata-se, nesse ponto, de formular o problema como uma questão a ser investigada.

3. *Dados* – nessa etapa, a criança, preferencialmente em equipes, vai em busca das informações que possam dar conta de ajudar a responder a questão proposta anteriormente. Cabe aqui, ao professor, auxiliar as crianças, sugerindo possíveis fontes dessas informações, sejam elas escritas, orais ou de qualquer outra espécie.

4. *Hipótese* – a partir do recolhimento dos dados, as crianças chegarão à formulação de hipóteses que representam tentativas de resposta do problema inicial.

5. *Experimentação* – por fim, o processo se completa com o teste das hipóteses, o qual deve produzir uma resposta adequada.

Do ponto de vista de Dewey, o ensino desenvolvido com base nesse esquema reproduziria as etapas do método científico, que, assim, acabaria sendo apropriado pelos alunos, de tal modo que o conhecimento não derivaria de uma transmissão do professor ou dos livros para os estudantes, mas diretamente da observação, formulação e teste de hipóteses. A criança ou o jovem, nessa proposta, estariam no centro de todas as atividades desenvolvidas na escola, e o professor teria um papel auxiliar.

No Brasil, o pensamento e as propostas de Dewey tiveram grande repercussão entre os educadores, principalmente devido à ação de Anísio Teixeira, que estudou com Dewey nos Estados Unidos e procurou, tanto na sua produção intelectual quanto na sua atuação política, propagar as suas ideias e implementar alguns de seus conceitos no sistema escolar brasileiro.

PRINCIPAIS OBRAS

Democracia e educação: breve tratado de filosofia de educação. 2. ed. São Paulo: Editora Nacional, 1952.

Vida e educação. São Paulo: Melhoramentos, 1952.

Para conhecer Dewey

CUNHA, M. V. *John Dewey*: uma filosofia para educadores em sala de aula. 4. ed. Petrópolis: Vozes, 2002.

Montessori

Maria Montessori nasceu na Itália em 1870 e morreu em 1952. Foi a primeira mulher a obter o diploma de Medicina no seu país e dedicou-se, desde cedo, ao trabalho com crianças com dificuldades cognitivas, na época, denominadas "anormais". Com base nesses primeiros trabalhos, Montessori desenvolveu um conjunto de observações sobre como as crianças aprendem e, depois, estende suas conclusões para as crianças ditas normais.

Iniciou um programa educativo e assistencial com filhos de operários, num bairro pobre de Roma, onde fundou a primeira Casa das Crianças, tipo de instituição educativa para crianças em idade pré-escolar. O sucesso dessa primeira iniciativa fez com que diversas Casas fossem fundadas por toda a Itália e também em outros países.

A principal ideia que sustenta as propostas de Maria Montessori é a de que a criança tem que ser posta em primeiro lugar e considerada nas suas especificidades. Na sua concepção, a infância é uma idade própria, com características particulares, o que não permite reduzir a criança a um adulto em miniatura. Nesse sentido, nas Casas das Crianças, todo o mobiliário e demais equipamentos eram construídos com dimensões adequadas às crianças pequenas.

Montessori também criou um conjunto de materiais pedagógicos inovadores, destinados ao desenvolvimento de diversas habilidades ligadas ao domínio das formas geométricas, dos sentidos e da percepção das cores, quantidades, tamanhos, proporções, letras etc. Esses materiais eram dispostos na sala de aula em estantes e eram apresentados às crianças como brinquedos, que elas escolhiam à vontade no início da aula. Em rodízio, as crianças se alternavam pelos diversos brinquedos até terem trabalhado com todos e assimilado as habilidades associadas a cada um deles. Esses materiais eram de cinco tipos: exercícios para a vida cotidiana, material sensorial, material de linguagem, material de matemática e material de ciências.

Desses, o mais difundido foi o chamado *material dourado,* um conjunto de pequenos cubos, placas e barras de madeira colorida destinado a permitir o domínio do sistema numérico decimal e das operações aritméticas. O material dourado obteve tanto sucesso que é utilizado até hoje, em diversas escolas, mesmo as que não seguem o método montessoriano.

Nesse método, o aluno empenha-se ativamente em todas as atividades e a professora ou professor é apenas um auxiliar da aprendizagem.

Havia uma grande preocupação da autora com as questões morais, com o desenvolvimento dos bons hábitos e da higiene e com a preparação das crianças para a vida na sociedade.

Nos dias de hoje, ainda existem muitas escolas por todo o mundo que utilizam as propostas pedagógicas desenvolvidas por Maria Montessori, que ficou mundialmente conhecida como grande amiga e defensora das crianças.

Principais obras

A criança. São Paulo: Círculo do Livro, s.d.

Pedagogia científica: a descoberta da criança. São Paulo: Flamboyant, 1965.

Decroly

A exemplo de Montessori, Ovide Decroly também teve formação inicial em Medicina, tendo se especializado em neurologia, e foi com base nessa formação que desenvolveu suas propostas pedagógicas. Nascido na Bélgica, em 1871, Decroly viveu até 1932 e se preocupou com o estudo, a compreensão e o estímulo do desenvolvimento infantil.

Com base nos seus estudos com as crianças, desenvolveu um modelo pedagógico com fundamentos psicológicos e sociológicos e alicerçado no interesse do aluno e na autoavaliação. A exemplo do método montessoriano, o modelo de Decroly começou a se desenvolver numa instituição para crianças ditas anormais e depois foi estendida para as crianças normais, tendo o autor fundado a sua escola em 1907.

De acordo com Decroly, o currículo escolar deve se organizar sob a forma dos chamados *centros de interesses*, que deveriam resultar das necessidades básicas do ser humano: alimentação, defesa contra as intempéries, luta contra perigos e inimigos, trabalho em sociedade, descanso e diversão. Para Decroly, a criança apreende o mundo com base num tipo de atenção que se dirige, primeiramente, para o conjunto das coisas ou fenômenos, e não para os detalhes, tendo o seu método recebido o nome de *método global* ou da *globalização*.

No desenvolvimento dos centros de interesses, cada atividade deveria se desdobrar em três momentos sucessivos:

1. *Observação*: ponto de partida das atividades, deve ser considerada como uma atitude permanentemente exercida pelas crianças;
2. *Associação*: com base nos resultados da observação, estabelecem-se comparações para verificar semelhanças e diferenças entre situações próximas ou distantes, no tempo ou no espaço;
3. *Expressão*: por fim, os resultados de cada aprendizagem acabam resultando em produtos desenvolvidos pelas crianças, por diversos meios:
   a) Expressão concreta: desenho livre, trabalhos manuais, por exemplo;
   b) Expressão abstrata: texto livre, linguagem matemática, linguagem musical etc.

Nos centros de interesses, não podia haver um programa predeterminado. Assim, a partir dos interesses imediatos das crianças e com base na observação da associação e da expressão, eles iriam progressivamente se ampliando, de maneira a recobrir temas e preocupações cada vez mais distantes do cotidiano das crianças, mas sempre baseados nas questões e interesses sugeridos por elas próprias.

Decroly exerceu grande influência em vários países da América Latina, inclusive no Brasil, tanto por meio dos seus livros e artigos quanto por meio dos seus seguidores, que se encarregaram de divulgar as ideias e propostas do médico e pedagogo belga.

178   DIDÁTICA

Embora tenham sido feitas diversas críticas ao seu método, aproximando-o do ensino tradicional, o próprio Decroly admitia que ele era uma tentativa de conciliação entre as exigências ligadas aos conteúdos clássicos, derivadas da escola tradicional, e as propostas renovadoras da Escola Nova, que eram centradas no interesse espontâneo da criança.

PRINCIPAIS OBRAS

Embora não haja obras de Decroly publicadas no Brasil, é possível consultar o livro de Abner Moura, professor mineiro que escreveu uma obra em que detalha os procedimentos necessários para o trabalho com os centros de interesse:

> MOURA, A. de. *Os centros de interesse na escola*. São Paulo: Melhoramentos, s.d.

LOURENÇO FILHO

Manoel Bergström Lourenço Filho foi um dos principais introdutores das propostas do movimento da Escola Nova no Brasil, juntamente com Anísio Teixeira e Fernando Azevedo. Nascido em 1897, no interior de São Paulo, morreu no Rio de Janeiro em 1970. Durante a sua longa carreira, publicou inúmeros livros e atuou em diversas instâncias do sistema escolar brasileiro.

Formou-se professor pela Escola Normal de Pirassununga, em 1914, tendo mais tarde completado sua formação na Escola Normal de São Paulo. Cursou Medicina e Direito, ainda na década de 1910, mas não completou os cursos, tendo vindo a concluir o curso de Direito apenas em 1929.

Foi professor de Escolas Normais em São Paulo, Diretor da Instrução Pública no Ceará e em São Paulo, presidente da Associação Brasileira de Educação, criador e diretor do INEP (Instituto Nacional de Estudos Pedagógicos), entre outros cargos que exerceu. Colaborou em diversos jornais e revistas e coordenou, pela editora Melhoramentos, uma importante coleção de obras pedagógicas que se encarregou de divulgar autores estrangeiros e nacionais ligados ao movimento renovador da Escola Nova.

Suas obras tiveram grande importância no campo da divulgação das ideias escolanovistas no Brasil. Suas contribuições foram mais observadas no campo da psicologia aplicada à educação, área em que publicou ou traduziu livros, criou o Serviço de Psicologia Aplicada de São Paulo e formulou os famosos *Testes ABC*, utilizados para a seleção e classificação dos alunos das escolas primárias, como base para a criação de classes homogêneas por ele defendidas como mais eficientes e menos dispendiosas.

Foi um dos signatários do famoso *Manifesto dos Pioneiros da Educação Nova*, em 1932, que apresentou um conjunto de propostas de formulação de uma política nacional de educação com base nos princípios pedagógicos do movimento renovador.

Principais obras

Introdução ao estudo da Escola Nova, São Paulo: Melhoramentos, 1930. (Com sucessivas reedições no Brasil, esse livro foi traduzido e publicado em diversos países).

Testes ABC para a verificação da maturidade necessária à aprendizagem da leitura e escrita. São Paulo: Melhoramentos, 1933. (Trata-se da exposição e análise do importante teste de aptidão criado pelo autor e que alcançou grande repercussão na época.)

Tendências da educação brasileira. São Paulo: Melhoramentos, 1940. (Análise histórica, em artigos diversos, das principais características do sistema escolar brasileiro no período).

Freinet

Célestin Freinet foi o criador, na França, do movimento denominado *escola moderna*, voltado para a criação de uma escola popular. Nasceu em 1896 e morreu em 1966. Durante sua carreira, sempre se pôs como um professor preocupado com as questões práticas do ensino, nunca tendo se considerado um teórico da educação.

Criticava o autoritarismo da escola tradicional, para ele muito distante dos interesses das crianças, mas, ao mesmo tempo, discor-

180 DIDÁTICA

dava dos escolanovistas, em especial de Montessori e Decroly, cuja insistência em materiais específicos e sofisticados, de acordo com Freinet, punha as suas propostas muito distantes dos problemas e dificuldades vividos pela grande maioria dos professores nas escolas comuns destinadas ao povo.

Freinet considerava a criança como um ser social, participante de uma comunidade, e não como um mero indivíduo. Assim, suas propostas pedagógicas insistem no trabalho coletivo em praticamente todas as etapas, inclusive na avaliação, que deveria ser feita em conjunto pelos alunos e pelo professor.

Para Freinet, o desenvolvimento do espírito comunitário poderia transformar a escola num poderoso instrumento de mudança social. Ganhando adeptos entre os professores de dentro e de fora da França, ele conseguiu criar uma verdadeira rede de escolas que seguiam as suas propostas.

De acordo com Freinet, ele não elaborou um método completo e estruturado, mas, sim, um conjunto de *técnicas* destinadas a facilitar o trabalho dos professores e a permitir o desenvolvimento da capacidade de expressão e o pensamento das crianças, bem como o seu espírito comunitário e de solidariedade. Entre essas técnicas, destacam-se: o desenho livre, o texto livre, as aulas-passeio, a correspondência interescolar, a imprensa escolar e o livro da vida. Essas técnicas deveriam estar a serviço do desenvolvimento dos métodos naturais de aprendizagem dos diversos conhecimentos necessários: matemática, ciências naturais e sociais, linguagem.

As sugestões de Freinet encontraram (e ainda encontram) grande apoio entre os professores, principalmente por ser ele um dos poucos pedagogos contemporâneos que procurou fundamentar suas propostas pedagógicas nas práticas observadas e vividas na sala de aula por professores e alunos, e não por meio de considerações teóricas sobre a criança ou sobre as práticas escolares.

PRINCIPAIS OBRAS

Técnicas Freinet para a escola moderna. São Paulo: Martins Fontes, 1973. (Trata-se da exposição mais sistemática das técnicas propostas e desenvolvidas por Freinet.)

Jornal escolar. Lisboa: Estampa, 1974. (Especificamente dedicado ao trabalho com a imprensa escolar, a qual talvez seja a técnica Freinet que, juntamente com a aula-passeio, alcançou maior difusão e sucesso entre os professores).

Pedagogia do bom senso. 6. ed. São Paulo: Martins Fontes, 2000. (Escrita sob a forma de aforismos, expõe de maneira por vezes poética as proposições do autor.)

NEILL

Alexander Sutherland Neill foi o criador da famosa Escola de *Summerhill*, que funciona há várias décadas na Inglaterra e que se baseia em radicais princípios de liberdade dos alunos, autogestão e não diretividade. Nascido na Escócia, em 1883, Neill viveu até 1973. Foi professor primário e secundário nos primeiros anos do século xx.

Em 1921, fundou a sua escola na Alemanha, denominada inicialmente de *International School.* Devido a diversas dificuldades políticas e econômicas, a escola mudou de sede diversas vezes, até se instalar definitivamente em Leiston, a 160 km de Londres, já com o nome de *Summerhill School.*

Desde aquela época, *Summerhill* tem atraído a atenção do mundo todo devido à radicalidade das suas propostas libertárias. Nela, os alunos não são obrigados a frequentar as aulas e a grande maioria das decisões é tomada em assembleia, em que tanto alunos quanto professores têm o mesmo peso.

Para Neill, o que impede o pleno desenvolvimento das capacidades humanas é a repressão da liberdade do indivíduo. Muito influenciado pela psicanálise, Neill defendia a ideia de que, para criar indivíduos livres e felizes, seria necessário afastá-los das influências repressoras e danosas da família e da sociedade. Para tanto, crianças e jovens estudam em regime de internato, só visitando suas famílias durante as férias.

Do ponto de vista do autor, o principal objetivo da educação é a liberdade. O conhecimento viria como um complemento, a partir de uma decisão tomada pelo indivíduo de estudar e de frequentar as aulas. Para ele, o sucesso da escola deveria ser avaliado em função da felicidade dos indivíduos que ali estudavam, e não dos postos de trabalho que exerceriam depois ou do dinheiro que conseguiriam ganhar.

Embora criticada por muitos e periodicamente ameaçada de ser fechada pelo governo britânico, *Summerhill School* continua sendo uma referência importante, e tanto os seus alunos quanto aqueles que já passaram por ela sempre emitem opiniões muito favoráveis sobre a formação ali proporcionada.

A escola continua funcionando até hoje, sob a direção da filha de Neill. E continua inspirando outras iniciativas semelhantes, até mesmo no Brasil, onde recentemente, em São Paulo, inaugurou-se a escola Lumiar.

Principais obras

Liberdade sem medo: radical transformação na teoria e na prática da educação. São Paulo: Brasiliense, 1980. (Há diversas outras edições, trata-se da principal apresentação das experiências de Summerhill.)

Liberdade sem excesso. São Paulo: Theor, 1968.

Diário de um mestre-escola: reflexões de um educador idealista em torno de regulamentos nascidos da burocracia no ensino... São Paulo: Ibrasa, 1974.

Paulo Freire

Paulo Freire é certamente o educador brasileiro mais conhecido, tanto aqui quanto no exterior. Nascido em Pernambuco, em 1921, e falecido em 1997, Freire foi inicialmente professor de Português, mas desde cedo se interessou pelas questões da educação popular e da alfabetização de adultos. Ligado ao movimento de renovação da Igreja católica nos anos 1950, Paulo Freire sempre orientou seus trabalhos na perspectiva da solidariedade com os mais pobres.

No início dos anos 1960, elabora um método de alfabetização de adultos experimentado inicialmente em Recife, onde se tornara professor da Universidade Federal de Pernambuco. Em 1962, em Angicos, Rio Grande do Norte, a pedido do governo estadual, coordenou um grupo de jovens monitores que conseguiu sucesso na alfabetização de 300 trabalhadores rurais em 45 dias.

Essa experiência teve grande repercussão internacional e atraiu a atenção do governo federal, o qual iniciou os preparativos para uma grande campanha nacional de alfabetização que pretendia praticamente erradicar o analfabetismo no país no ano de 1964.

Com o golpe militar, o movimento foi interrompido. Freire foi preso e depois exilado, tendo vivido 14 anos no Chile e, mais tarde, mais algum tempo em outros países, tendo trabalhado em diversos programas de alfabetização na América Latina e na África, bem como lecionado em universidades nos Estados Unidos.

Retornando ao Brasil depois da anistia (1979), Paulo Freire retoma suas atividades junto ao meio universitário e político, bem como junto aos movimentos populares de alfabetização. Chegou a ser Secretário Municipal da Educação de São Paulo entre 1989 e 1991.

Para Freire, a alfabetização é um processo de aquisição de consciência e deve ter como ponto de partida a realidade social e cultural vivida pelos educandos. A classe é transformada no chamado *círculo de cultura,* em que, por meio de debates coordenados por um monitor, os educandos podem se apropriar da sua própria cultura, elevar o seu nível de compreensão da realidade e, ao mesmo tempo, adquirir um poderoso instrumento intelectual e político representado pelo letramento.

O objetivo de todo esse trabalho é cooperar no processo de conscientização e de libertação dos oprimidos, no sentido da instauração de condições para a construção coletiva e autônoma de uma sociedade nova, em que não haja mais dominantes nem dominados.

As ideias, propostas e realizações de Paulo Freire ganharam adesão de inúmeros educadores engajados em projetos de transformação da sociedade contemporânea. Embora pensados inicialmente em relação à educação de adultos, diversos princípios freireanos acabaram sendo incorporados também na educação das crianças e jovens, principalmente aqueles ligados ao respeito ao universo cultural, ao saber e à autonomia dos educandos, bem como à necessidade de instauração de relações pedagógicas não autoritárias.

Principais obras

Educação como prática da liberdade. Rio de Janeiro: Paz e Terra, 1967. (Primeira sistematização da proposta de alfabetização desenvolvida por Paulo Freire, foi produzido no Chile, durante o início do período de exílio. Acabou funcionando como uma espécie de guia ou manual para os alfabetizadores que queriam seguir suas propostas.).

Pedagogia do oprimido. 4. ed. Rio de Janeiro: Paz e Terra, 1977. (Certamente sua obra mais conhecida, foi traduzida e publicada em diversos países, exercendo até hoje grande influência sobre os educadores de esquerda.)

A importância do ato de ler: em três artigos que se completam. 7. ed. São Paulo: Cortez, 1984.

Snyders

Georges Snyders, professor universitário francês, historiador e crítico da pedagogia de forte influência marxista, nasceu em 1917 e se encontra ainda vivo. Lecionou em alguns liceus e aposentou-se na Universidade de Paris v, onde ainda realiza algumas atividades como colaborador. Também escreve esporadicamente na imprensa francesa, mantendo uma posição de militante em defesa de diversas causas.

De origem judaica, foi atingido, durante a Segunda Guerra Mundial, pela perseguição nazista e esteve no campo de concentração de Auschwitz. Ligado à esquerda francesa e sob influência do pensamento do pensador italiano Antonio Gramsci, orientou seus estudos no sentido de uma crítica da educação burguesa e da proposição de uma pedagogia que pudesse atender aos interesses das classes populares e ajudar na criação de uma consciência de classe que colaborasse na instauração de uma revolução socialista.

Sua primeira obra é um estudo histórico da pedagogia francesa do século XVII, que ele mostra como a origem da escola moderna. Durante os anos 1960 e 1970, seus livros vão se ocupar de realizar um balanço de todas as propostas pedagógicas do século XX, no sentido de encontrar os fundamentos de uma pedagogia revolucionária. Assim, vai examinar tanto a escola tradicional quanto as chamadas pedagogias renovadoras, destacando em cada uma os seus pontos positivos e negativos e elaborando a crítica ideológica de cada uma delas.

Também examina, para rejeitar, as proposições das chamadas pedagogias não diretivas, como as de Neill e Rogers, por exemplo, que para Snyders são vistas como puramente individualistas e elitistas.

Desde os anos 1980, talvez devido à crise do marxismo e do socialismo na Europa, Snyders vem se dedicando a produzir um conjunto de reflexões a respeito das possibilidades de uma prática pedagógica que colabore na instauração da alegria e da felicidade. De acordo com esse ponto de vista mais recente, a escola deve ser uma instituição que recupere o prazer de estudar e a felicidade e a alegria de aprender, de tal maneira que o estudante não tenha que ficar aguardando um futuro que nunca chega, mas possa realizar alguma coisa satisfatória durante o processo da aprendizagem.

Nesse sentido, vai buscar de novo, na escola tradicional, a ideia do valor das obras-primas, dos grandes modelos culturais e das obras de arte, em particular, da música, como fontes de prazer e alegria que podem alterar o homem, tanto individual quanto coletivamente.

Principais obras

Pedagogia progressista. Coimbra: Almedina, 1974.

Para onde vão as pedagogias não diretivas. Lisboa: Moraes, 1976.

Escola, classe e luta de classes. Lisboa: Moraes, 1977.

(Essas três obras são representativas da primeira fase da obra de Snyders, preocupada com a crítica da pedagogia burguesa e com a construção de uma proposta pedagógica comprometida com as classes populares.)

A escola pode ensinar as alegrias da música? São Paulo: Cortez, 1992.

Alunos felizes: reflexão sobre a alegria na escola a partir de textos literários. Rio de Janeiro: Paz e Terra, 1993.

Feliz na universidade: estudo a partir de algumas biografias. Rio de Janeiro: Paz e Terra, 1995.

(Obras representativas da segunda fase, em que o autor se ocupa de defender um significado mais profundo da escola para as classes populares, mesmo dentro dos parâmetros da sociedade atual.)

BIBLIOGRAFIA

ANDRÉ, M. E. D. A. A avaliação da escola e a avaliação na escola. *Cadernos de Pesquisa.* São Paulo, n. 74, ago. 1990.

_____. Avaliação escolar: além da meritocracia e do fracasso. *Cadernos de Pesquisa.* São Paulo, n. 99, nov. 1996.

_____.; PASSOS, L. F. Avaliação escolar: desafios e perspectivas. In: CASTRO, A. D.; CARVALHO, A. M. P. *Ensinar a ensinar:* Didática para a escola fundamental e média. São Paulo: Pioneira Thomson, 2001.

ANDRÉ, M. O repensar da didática a partir do estudo da dominação e resistência no cotidiano escolar. *Revista da Faculdade de Educação.* São Paulo, n. 1, v. 14, jan./jun. 1988.

AQUINO, J. G. A indisciplina e a escola atual. *Revista da Faculdade de Educação.* São Paulo, v. 24, n. 1, jul./dez. 1998.

ARENDT, H. Reflexões sobre política e revolução: um comentário. In: *Crises da república.* São Paulo: Perspectiva, 1973.

_____. Que é autoridade? In: *Entre o passado e o futuro.* 2.ed. São Paulo: Perspectiva, 1979.

ARIÈS, P. *História social da criança e da família.* 2. ed. Rio de Janeiro: Zahar, 1981.

AZANHA, J. M. P. Uma reflexão sobre a Didática. *3º Seminário "A Didática em questão".* v. 1. São Paulo: FEUSP, 1985.

BARRETO, E. S. S. Professores de periferia: soluções simples para problemas complexos. In: PATTO, M. H. S. *Introdução à psicologia escolar.* São Paulo: T. A. Queiroz, 1981.

BISSERET, N. A ideologia das aptidões naturais. In: DURAND, J. C. (org.). *Educação e hegemonia de classes:* as funções ideológicas da escola. Rio de Janeiro: Zahar, 1979.

BONNIOL, J. J.; VIAL, M. *Modelos de avaliação:* textos fundamentais. Porto Alegre: Artmed, 2001.

BRUNER, J. Pedagogias populares. *A cultura da educação.* Porto Alegre: Artes Médicas, 2001.

CARVALHO, M. *A escola e a república.* São Paulo: Brasiliense, 1989.

188   DIDÁTICA

CASTRO, A. D. de. O ensino: objeto da Didática. *Ensinar a ensinar*: Didática para a escola fundamental e média. São Paulo: Thomson Learning, 2001, p. 16.

CATANI, D. et al. História, memória e autobiografia na pesquisa educacional e na formação. *Docência, memória e gênero*: estudos sobre formação. São Paulo: Escrituras, 1997.

CHAMLIJAN, H. C. A disciplina: uma questão crucial da Didática. In: CASTRO, A. D. de; CARVALHO, A. M. P. de (orgs.). *Ensinar a ensinar*: Didática para a escola fundamental e média. São Paulo: Thomson Learning, 2001.

CHARLOT, B. *A mistificação pedagógica*. Rio de Janeiro: Zahar, 1979.

_____. Relação com o saber e com a escola entre estudantes de periferia. *Cadernos de Pesquisa*. São Paulo, n. 97, maio 1996.

_____. A noção de relação com o saber: bases de apoio teórico e fundamentos antropológicos. In: *Os jovens e o saber*: perspectivas mundiais. Porto Alegre: Artmed, 2001.

CODO, W. (org.). *Educação*: carinho e trabalho. Petrópolis: Vozes, 1999.

COMENIUS, J. A. *Didática magna*: tratado da arte universal de ensinar tudo a todos. Lisboa: Fundação Calouste Gulbenkian, s/d.

DUSSEL, I.; Caruso, M. *A invenção da sala de aula*. São Paulo: Moderna, 2003.

ECO, U. Para todos os fins. In: *Entrevistas sobre o fim dos tempos*. Rio de Janeiro: Rocco, 1999.

FREIRE, P. Dialogando sobre disciplina com Paulo Freire. In: D'ANTOLA, A. (org.). *Disciplina na escola*: autoridade *versus* autoritarismo. São Paulo: E. P. U., 1989.

GILBERT, R. *As ideias actuais em pedagogia*. 4. ed. Lisboa: Moraes, 1983.

GOODSON, I. Dar voz ao professor: as histórias de vida dos professores e o seu desenvolvimento profissional. In: NÓVOA, A. (org.). *Vidas de professores*. Porto: Porto Editora, 1992.

GOTZENS, C. *A disciplina escolar*: prevenção e intervenção nos problemas de comportamento. 2. ed. Porto Alegre: Artmed, 2003.

GREEN, B.; BIGUM, C. Alienígenas na sala de aula. In: SILVA, T. T. da (org.). *Alienígenas na sala de aula*: uma introdução aos estudos culturais em educação. 2. ed. Petrópolis: Vozes, 1998.

GUIMARÃES, C. E. A disciplina no processo ensino-aprendizagem. *Didática*. São Paulo, n. 18, 1982, pp. 33-9.

HARGREAVES, A. *Os professores em tempos de mudança*. Lisboa: McGraw-Hill, 1998.

HIRST, P. O que é ensinar. *Cadernos de História e Filosofia da Educação*. Lisboa: v. 6, 2001.

HOUAISS, A.; VILLAR, M. de S. *Dicionário Houaiss da Língua Portuguesa*. Rio de Janeiro: Objetiva, 2001.

HUBERMAN, M. O ciclo de vida profissional dos professores. In: NÓVOA, A. (org.). *Vidas de professores*. Porto: Porto Editora, 1992.

ILICH, I. *Sociedade sem escolas*. Petrópolis: Vozes, 1973.

LAWN, M. Os professores e a fabricação de identidades. *Currículos sem fronteiras*, v. 1, n. 2, dez. 2001.

LOURO, G. L. Gênero e magistério: identidade, história, representação. *Docência, memória e gênero*: estudos sobre formação. São Paulo: Escrituras, 1997, p. 79.

MACEDO, L. de. "Disciplina é um conteúdo como qualquer outro". Entrevista concedida a Márcio Ferrari. *Nova Escola*: a revista do professor. São Paulo: Fundação Victor Civita, jun./jul. 2005.

BIBLIOGRAFIA

MELLO, G. N. de. *Magistério de 1º grau*: da competência técnica ao compromisso político. São Paulo: Cortez, Autores Associados, 1982.

NOBLIT, G. Poder e desvelo na sala de aula. *Revista da Faculdade de Educação*, v. 21, n. 2, dez. 1995.

NÓVOA, A. *Os professores e as histórias da sua vida*. In: Vidas de professores. Porto: Porto Editora, 1992.

PASSMORE, J. O conceito de ensino. *Cadernos de História e Filosofia da Educação*. Lisboa, v. 6, out. 2001.

PATTO, M. H. S. *A produção do fracasso escolar*. São Paulo: T. A. Queiroz, 1991.

PERRENOUD, P. *Práticas pedagógicas, profissão docente e formação*. Lisboa: Dom Quixote, 1993.

_____. *Avaliação*: da excelência à regulação das aprendizagens – entre duas lógicas. Porto Alegre: Artes Médicas, 1999.

RASCHE, V. M. M.; KUDE, V. M. M. Pigmalião na sala de aula: quinze anos de expectativas do professor. *Cadernos de Pesquisa*, n. 57, maio 1986.

ROSENTHAL, R.; Jacobson, L. Expectativas de professores com relação a alunos pobres. In: GARRET, H. (org.). *A ciência social num mundo em crise*. São Paulo: Perspectiva/EDUSP, 1973.

STEINBERG, S.; KINCHELOE, J. Introdução: Sem segredos – cultura infantil, saturação de informação e infância pós-moderna. In: *Cultura infantil*: a construção corporativa da infância. Rio de Janeiro: Civilização Brasileira, 2001.

STUBBS, M. *Linguagem, escolas e aulas*. Lisboa: Livros Horizonte, 1987.

TARDIF, M. *Saberes docentes e formação profissional*. Petrópolis: Vozes, 2002.

O AUTOR

Jaime Cordeiro é graduado em História e mestre e doutor em Educação pela Universidade de São Paulo (USP). Professor na rede estadual paulista durante 10 anos, também trabalhou na Universidade Estadual Paulista Júlio de Mesquita Filho (Unesp) em Araraquara. Atualmente é professor de Didática na Faculdade de Educação da USP, onde desenvolve pesquisas sobre as relações entre ensino, educação e mídia e estudos históricos comparados, tendo participado de projetos de pesquisa com investigadores de Portugal. Tem livros e artigos publicados no Brasil e no exterior.